Stefanie Bisping

Lesereise Normandie

Stefanie Bisping

Lesereise Normandie

Der Austernzüchter lädt zum Calvados

Picus Verlag Wien

Für Annette und Rüdiger

Klimaneutral
Druckprodukt
ClimatePartner.com/14924-2112-1008

MIX
Papier | Fördert gute Waldnutzung
FSC www.fsc.org
FSC® C004378

umfassend überarbeitete Neuauflage 2023

Grafische Gestaltung: Dorothea Löcker, Wien
Umschlagabbildung:
© Oliver Hoffmann / Alamy Stock Foto
Druck und Verarbeitung:
EuroPB, s.r.o., Tschechische Republik
ISBN 978-3-7117-1029-1

Informationen über das aktuelle Programm
des Picus Verlags und Veranstaltungen unter
www.picus.at

Inhalt

Die blau-weiß gestreifte Jacke im Schrank

Sonnengarantie wird überbewertet: Einen Regentag aushalten zu können, gehört zum Reifungsprozess des Urlaubers

»Der Maler Paul Signac bewohnte dieses Haus von 1932 bis 1935. Er liebte die Gesellschaft der Fischer, wenn er am Meer oder beim Leuchtturm Pointe de Barfleur arbeitete«, so steht es an einer Fassade in Barfleur zu lesen. Der Großmeister des Pointillismus wird gewusst haben, was er tat. Noch heute ist Barfleur eines der besonders reizvollen Fischerdörfer der Normandie. Vor allem, wenn es in hellem Sonnenschein liegt. Schlägt das Wetter um, scheint sich das Grau der aus Granit und Schiefer erbauten Häuser auszubreiten, bis es Straßen, Meer und Himmel einhüllt. Den Fischern macht es nichts aus. Und auch Signac arbeitete unverdrossen weiter.

Von launischen Wetterlagen wird noch gelegentlich die Rede sein. Insbesondere dann, wenn sie sich zu ergiebigen Niederschlägen stabilisieren. Aber es geht auch anders. Es gibt Sommertage, an denen ist es in Cabourg nicht ein Grad kühler als in Nizza. Zugegeben: Solche Tage sind zwar häufiger geworden. Auch in der Normandie macht sich die Veränderung des Klimas bemerkbar. Aber zumeist fordert das Wetter dem Menschen hier noch immer eine gewisse Flexibilität ab. Die Künstler des 19. und des 20. Jahrhunderts reisten ohnehin nicht wegen des Wetters in die Normandie. Auch die Schriftsteller, die hier epochale Romane schrieben und in manchen Fällen gleich für immer blieben, waren nicht auf der Suche nach tropischen Cocktails und Sonnenbräune (sie hätten beides auch nicht gefunden). Die Normandie besitzt andere Vorzüge: eine Küste, an die das Meer donnert und nicht plätschert; salzige Luft und weite Blicke; erhabene Kathedralen, die von der eindrucksvollen Geschichte des Landes am Ärmelkanal zeugen; Dörfer aus Fachwerk- oder Granithäusern, in denen noch immer Fischer und Bauern fast so leben wie viele Generationen vor ihnen – all das gehört zu den Reizen der Region wie der Wind, der nicht selten eben auch Regen bringt.

Der eine oder andere Künstler fand gelegentlich dennoch den Weg ans Mittelmeer. Und man hat auch schon von Urlaubern gehört, die, zermürbt vom dritten Regentag in Étretat oder Trouville-sur-Mer, das Auto wieder bepackten. Was machen wir nun, fragten sie sich: Über den Kanal nach England, wo das Grundproblem womöglich bliebe? Oder doch lieber nach Südfrankreich? Schnell ist ein Entschluss gefasst. Spätestens ab Lyon begleitet die Reisenden heller Sonnenschein, bis sie in goldenem Abendlicht im Hafen von Saint-Tropez sitzen und kühlen *pastis* trinken. Manchmal braucht es dann einige Sommer in Sonne, Trubel und Staus des Midi, bis die Reisenden den Weg zurück in die Normandie finden. Eines Tages ziehen sie dann aus den Tiefen des Kleiderschranks ein fast schon vergessenes Stück: die blau-weiß gestreifte Fischerjacke, erstanden an einem windigen Tag in Le Havre oder Cherbourg. Sofort ist alles wieder da: das Geschrei der Möwen; Spaziergänge über Steilklippen und an menschenleeren Stränden; der Geschmack von nussigem *camembert* und salziger Butter; das von reichlich Rosé begleitete Mittagessen im verwunschenen Garten eines Restaurants in Pierrefitte-en-Auge; die verschlafenen Hafenbars an der Küste. Da ist die Sache fast schon entschieden. Denn: Fast alle Normandie-Reisenden kommen wieder. Irgendwann.

Im Rhythmus der Gezeiten

Seefahrergeschichten und Austerngelage: Eine Annäherung an die Küste der Normandie

Die Luft riecht nach Salz und Tang, doch vom Meer ist nichts zu sehen. Vor der Küste schwebt die Silhouette von Blainville in feinem Dunst. Jean François Mauger steht im Schlick und dreht schwere Säcke um. »Die unteren wachsen langsamer«, erklärt der Austernzüchter. Deshalb werden sie regelmäßig gewendet. Plötzlich blickt er auf. »Das Meer kommt!«, schreit er und rennt zum Traktor, der bereits in einer großen Pfütze tuckert. Und nun in einem kleinen See. Jean François klettert auf den Sitz und wendet eilig.

Das Meer läuft in der Geschwindigkeit eines zielstrebigen Spaziergängers zwischen die langen Holzbänke, auf denen vierzigtausend Säcke festgebunden sind. Wäre man zu Fuß unterwegs, bekäme man jetzt ernsthafte Schwierigkeiten. Doch der Austernzüchter wirkt unbesorgt. Einmal habe ihn das Meer wirklich erschreckt, erzählt er über das Dröhnen des Motors hinweg. Da sprang der Traktor nicht an, als das Wasser einlief. Also rannte er an Land. Das Fahrzeug sah er erst bei der nächsten Ebbe wieder: mit Algen behängt. Schnell pflügt sich der schwere Traktor nun durch das gut knietiefe Wasser Richtung Strand. Dort liegt gleich hinterm Dünenkamm die Verarbeitungsanlage.

Austernbauern sind immer in Eile. Extreme Gezeitenunterschiede – bei Ebbe weicht das Meer hier sechs Kilometer zurück – sorgen zwar für die besondere Frische der normannischen Austern. Aber sie diktieren auch einen strengen Zeitplan. Bei Ebbe sind die Austern geschlossen. Dann kann man auf den Bänken arbeiten. Wenn das Meer zurückflutet, öffnen sie sich, um Nahrung aufzunehmen. Pro Hektar, auf dem etwa sechstausend Säcke liegen, filtern Austern täglich eine Milliarde Liter Wasser. Außer Pflege und Verarbeitung spielt die Wasserqualität die größte Rolle beim Geschmack.

Dass das Meer hier recht sauber ist, ist außer den Gezeiten auch den wütenden Stürmen zu verdanken, die in Herbst und Winter an der Küste der Normandie toben. Sie haben nicht nur den Geschmack der Austern, sondern auch die Landschaft geprägt: niedrige Häuser und Kirchen mit kurzen, dicken Türmen kauern sich zwischen Hügel. Vielerorts sind sogar die Dächer aus Stein, damit sie nicht davongewirbelt werden.

Jean François Mauger bekommt häufig Besuch von Urlaubern, die in den Restaurants der normannischen Küste eine akute Austernsucht entwickelt haben oder eine chronische ausleben. Er zückt ein Taschenmesser, öffnet ein paar Austern und reicht sie den Besuchern – ohne Zitrone, ohne Sauce. Sie schmecken, wie sie riechen: nach dem Meer ohne Fisch. Nur Frische.

Drei bis vier Jahre dauert es, bis eine Auster auf dem Teller eines Fischrestaurants landet. Zuvor haben die Austernfarmer in den Küstenorten

Blainville-sur-Mer an der Westküste sowie Asnelles und Isigny-sur-Mer bei Bayeux und Saint-Vaast-la-Hougue im Norden sie bis zu zwanzigmal aus dem Wasser geholt, gereinigt und sortiert und zurück auf die Austernbänke vor der Küste gebracht. Die vier berühmten Austerndörfer sind ideale Eckpfeiler einer Reise durch die Normandie. Kenner vermögen sogar geschmackliche Unterschiede zwischen den Austern wahrzunehmen, die die einzelnen Orte hervorbringen: Nussig schmecken die Austern aus Saint-Vaast-la-Hougue, besonders mild sind die aus Isigny-sur-Mer – wegen des Süßwassers, das hier in die Bucht fließt und sich auf den Geschmack auswirkt. Austern aus Blainville hingegen haben eine deutliche Jodnote, schmecken besonders frisch und nach Meer.

Doch Meeresfrüchte und Miesmuscheln, *cidre* und *calvados* sind längst nicht die einzigen Attraktionen der Normandie. Die Geschichte der Kanalküste ist reich, ihre Zeugnisse haben ungezählte Stürme überdauert. Und obwohl sich hier immer mal wieder das Schicksal Europas entschied, verströmen Fischerdörfer und Hafenstädtchen mit ihren kargen Bars und dem vom Meer bestimmten Tagesablauf angenehm provinziellen Charme. Paris ist weit, die Welt sowieso, und beides nicht sonderlich wichtig. Das teilt sich auch Besuchern mit, und das Reisetempo wird hier ganz von selbst gemächlich.

Bayeux besitzt eine Kathedrale aus dem 11. Jahrhundert, Adelspaläste, die heute angenehme Pensionen sind, und einen gestickten Wandteppich. Er erzählt auf siebzig Metern Länge in achtundfünfzig Episoden die Geschichte der Eroberung Englands durch den Normannen William – anschaulich wie ein Comic. Die Franzosen verehren die bald nach den Geschehnissen des Jahres 1066 entstandene Handarbeit wie ein Heiligtum, englische Besucher untersuchen hier jeden Quadratmeter einer Niederlage, die manche noch tausend Jahre später als Indiz dafür auffassen, dass jenseits des Kanals in erster Linie mit Barbarei zu rechnen sei.

So erstaunlich dieser Wandteppich in seiner übersprachlichen Verständlichkeit ist (abgesehen von sparsamen lateinischen Texten, die die Bilder am oberen Rand kommentieren), so wenig eignet er sich als verlässlicher Tatsachenbericht. Denn er wurde zwar in England, nämlich in Canterbury, gefertigt; doch in Auftrag gegeben hatte ihn Odo von Conteville, ein Halbbruder Williams und Bischof von Bayeux, der ihn in seiner Kathedrale aufhängte. Insofern schien es den fleißigen Stickerinnen (oder Stickern) in Canterbury zu Recht keine gute Idee zu sein, die englische Position besonders schmuckvoll darzustellen. Dafür sieht man Bischof Odo gleich mehrmals Seite an Seite mit William kämpfen.

Nicht zuletzt weil die Bilder neben Schlachtengetümmel auch eine Menge aus dem Alltag des 11. Jahrhunderts zeigen, hat die UNESCO die Tapisserie zum Welterbe erklärt. Vor allem aber zeigt der Teppich die wichtigsten Stationen im Leben und Wirken Williams, dessen wechselnde Beinamen und Titel von »William dem Bastard« über den »Herzog der Normandie« bis zu »William dem

Eroberer« und König von England eine ansehnliche Karriere spiegeln. Edward der Bekenner hatte William in Ermangelung eines Erben als Thronfolger eingesetzt. Der aber wurde von seinem Weggenossen Harold ausgebootet, der sich nach Edwards Tod zum König von England krönen ließ. Flugs begann William mit dem Bau einer Flotte und setzte über den Kanal. Dort machte er dem treulosen Harold den Garaus und trug bei der entscheidenden Schlacht in Hastings am 14. Oktober 1066 den Sieg gegen die Angelsachsen davon.

Fortan hatte England einen französischen König, bald auch eine französische Aristokratie und Oberschicht, die die angelsächsische Gesellschaft nachhaltig prägen sollten. Es sollte indessen nicht das letzte Gefecht zwischen den Nachbarn bleiben. Während des Hundertjährigen Krieges, im Jahr 1420, wurde die Normandie mit dem Fall von Rouen englisches Herrschaftsgebiet. Doch davon ahnten die Nonnen oder Mönche noch nichts, als sie in Canterbury arbeiteten. Friedlich saßen sie beieinander, schmuggelten hier eine kleine Szene aus dem bäuerlichen Alltag in die Tapisserie ein und stickten dort, in Episode fünfzehn, gar ein männliches Geschlechtsorgan in den künftigen Kirchenschmuck von Bayeux.

Heute sind auch Amerikaner in den Straßen der Altstadt von Bayeux unterwegs. Das liegt an den nahen Invasionsstränden. Sie wohnen gerne im familiären Hôtel Lion d'Or, wo schon Spencer Tracy und später Tom Hanks anlässlich filmischer Aufarbeitung des Weltkriegs logierten, und schwärmen von dort aus. Im nahen Port-en-Bessin türmen sich auf dem Fischmarkt Schalentiere und Jakobsmuscheln, Boote liegen im ebbetrockenen Hafen. Ein Pfad führt die sechzig Meter hohe Steilküste hinauf. Von den Fensterbänken kleiner Häuser aus Feldstein ergießen sich Blumenfluten.

Arromanches-les-Bains liegt am »Gold Beach«, einem der drei Strände, an denen die Briten landeten. Touristen schlendern vom Musée du Débarquement am Hafen zu den Geschäften gegenüber, wo Spielzeugpanzer verkauft werden und »D-Day-Wein«. In der Landschaft haben die Schlachten keine Schatten hinterlassen. Nur bei Ebbe, wenn das Meer riesige Sandstrände freigibt, werden die Fundamente des schwimmenden Hafens »Mulberry« sichtbar, den die Alliierten nach der Landung im Juni 1944 im Meer errichteten.

Auf dem Weg nach Saint-Vaast-la-Hougue, einem vom Baumeister des Sonnenkönigs Ludwig XIV. befestigten Hafenstädtchen, geht das schöne Wetter verloren. Unversöhnlich prasselt der Regen an die Fenster des Café au Port, wo an diesem trüben Sonntagmittag Berge von Miesmuscheln aufgetragen werden. Hafen, Austernbänke und die bei Ebbe in Fußweite vor der Küste liegende Insel Tatihou versinken hinter Regenschleiern. Das kann den ganzen Tag so gehen, sagt die Kellnerin, oder die ganze Woche. Der Einzelhandel stellt rasch Ständer mit Regenjacken vor die Türen. Die Menschen beschäftigen sich mit Einkäufen und unzeitigem Weinkonsum. Dann reißt der Himmel auf, und am Ende des Hafenbeckens erscheint ein graues Kapellchen.

Dort gedenkt Saint-Vaast seiner Verluste. Die Fischerei ist noch immer ein Beruf, der das Leben kosten kann. Tafeln erinnern an Patrick, der 1999 im Alter von siebenundzwanzig Jahren von Bord der »Liberté« ins Meer verschwand. Maurice ging im Jahr 2001 mit der »Silence II« unter. Jede Plakette erzählt die Geschichte eines jungen Menschen, der nicht vom Meer zurückkam. Nur eine Kinderzeichnung »für die toten Seeleute« zeigt einen glücklichen Matrosen im Sonnenschein.

Unterdessen ist das gute Wetter nach Saint-Vaast zurückgekehrt. Möwen schreien, das Dorf blickt auf die einlaufende Flut, die friedlicher aussieht, als es die Geschichten der Kapelle vermuten lassen. Tatihou ist aus dem Dunst aufgetaucht und wird wieder zur Insel. Unter lautem Getöse flitzt ein gezeitenunabhängiges Fortbewegungsmittel – halb Boot, halb Rennbagger – hinüber. Von 1723 bis 1860 wurden Pestkranke auf Tatihou interniert, die nach vierzig Tagen der Quarantäne beerdigt waren oder entlassen wurden.

Seit 1992 ist die Insel Touristen zugänglich. Sie ist schnell besichtigt: ein Befestigungsturm, ein Museum für Schiffswracks, ein Gästehaus für Schulen, wo früher das Pestlazarett war, ein botanischer Garten, liebevoll gepflegt von Gärtner Henri, Schafe und zweihundert Vogelarten, die gehörigen Lärm machen. Das alles passt auf vierhundert mal siebenhundert Meter und ist die richtige Einstimmung für jenen Teil der Normandie, der vor der Küste liegt.

Vom Cap de la Hague, dem nördlichsten Punkt der Normandie, sieht man in zehn Kilometern Entfernung die englische Insel Auderly. Ganz in der Nähe liegen die höchsten Klippen der Normandie. Überhaupt ist die Halbinsel La Hague mit lieblichen Weiden, Wiesen und den neunzehn Dörfern hinter der dramatischen Küste von so weltentrückter Schönheit, dass man nur wünscht, es gäbe keine atomare Wiederaufbereitungsanlage gleichen Namens. Doch sie ist nicht zu übersehen, und überdies der wichtigste Arbeitgeber in einer Gegend, in der die Menschen zuvor entweder fischten oder arbeitslos waren.

Von hier aus geht es nur mehr nach Süden. Und inselwärts. Denn nicht nur das Vereinigte Königreich besitzt Kanalinseln. Das siebzehn Kilometer vor der Küste gelegene Chausey-Archipel zählt bei Ebbe dreihundertfünfundsechzig Inseln – eine für jeden Tag des Jahres. Bei Flut sind es immerhin noch zweiundfünfzig, für jede Woche eine. Die vierzehn Meter Gezeitenunterschied, die in wenigen Stunden mehr als dreihundert Inseln verschwinden und erscheinen lassen, sind Rekord in Europa. In Granville legt die Fähre nach Grande Île ab. Auf dieser einzigen bewohnten der Chausey-Inseln gibt es außer einem Fischerdorf und dem Leuchtturm auch ein kleines Hotel, ein paar Ferienwohnungen, romantische Spazierpfade und natürlich köstliche Austern.

Es ist wieder einer dieser normannischen Tage, deren unerbittlicher Nieselregen auch den stärksten Wanderwillen aushöhlt. Wie die Gezeiten wogen die Tagesgäste zwischen dem Restaurant und dem Geschäft für Postkarten, Souvenirs und Lebensmittel hin und her. Besonders Entschlossene erkunden das Dorf mit der Kapelle und dem Strand, der von Minute zu Minute größer wird und auf dem immer mehr Fischerboote seitlich in den Sand kippen. Sie klettern über Boote, Netze und Reusen. Durchweicht erreichen sie die Bar, die nach nassen Jacken und Hunden riecht und vom Geschrei spielender Kinder erfüllt ist. Hier wärmt man sich längst am *calvados*. Familien spielen Karten, trocknen ihre Kleidung und warten auf das Boot zurück zum Festland. Vor den Fenstern erheben sich schwarze, grüne und gelbe Felsformationen aus dem Wasser. Wo die Besucher morgens an Land gingen, ist eine bizarre Landschaft aus Inseln, Bergen und Gesteinsbrocken aus dem Meer getaucht. Die Fähre liegt mehr als zehn Meter unter dem Kai. Ein triefendes Treppenhaus führt zurück aufs Schiff.

Liebliche Landschaft, menschliche Abgründe

Gustave Flaubert machte Rouen und Umgebung zum Schauplatz seiner »Madame Bovary«

Die Kirchen seien ja ganz schön, die Bürger Rouens jedoch ziemlich blöd. So sah es der berühmteste Sohn der Stadt: Gustave Flaubert (1821–1880), Autor großer Romane wie »Madame Bovary« und »Lehrjahre des Gefühls«. Scheinheilig und verlogen fand er seine Mitbürger; auch ihre Kirchentreue irritierte ihn. Inspiration boten sie ihm dennoch. Das deutet schon der Untertitel seines Romans um die treulose Bovary an: »Sitten aus der Provinz«.

Und so setzt Flaubert die vom Eheleben und dem Alltag in der ländlichen Normandie – jener Region, die Maler wie Claude Monet und Literaten wie Marcel Proust ihrer Unverfälschtheit, der Schönheit der wilden Küste und des lieblichen Hinterlandes wegen liebten – mächtig gelangweilte Arztgattin Emma Bovary scheinbar ins Gebet versunken in die Kapelle der Ehrfurcht gebietenden Kathedrale Rouens, die Monet gleich achtundzwanzigmal malte. In Wahrheit erwartet Madame Bovary hier ihren künftigen Liebhaber Léon zum Rendezvous. Ausgerechnet in dem monumentalen Kirchenbau nimmt die Geschichte ihren Ausgang, die über moralischen und finanziellen Bankrott unaufhaltsam zum Tod der Protagonistin führt.

Rouen wurde im Zweiten Weltkrieg stark zerstört. Zuvor hatte bereits die wachsende Industrialisierung im Seine-Tal das Stadtbild verändert – genauso wie ein Wertewandel der Gesellschaft, den Flaubert womöglich begrüßt hätte. Das Rouen seiner Zeit schmückten hundert Kirchen, heute besitzt die Stadt noch ganze zwölf. Dabei ist die Stadt gewachsen: Im 19. Jahrhundert zählte sie mitsamt Vororten hunderttausend Einwohner, heute leben fünfmal so viele im Großraum Rouen.

Trotzdem wäre für den Romancier vieles vertraut. Zwar hat sich der Lauf der Straßen, auf denen Emma und Léon nach ihrem Kathedralenbesuch in der Verschwiegenheit ihrer Kutsche viele Stunden mit nicht näher belegter Aktivität verbringen, geändert. Doch die alten normannischen Fachwerkfassaden, die krummen, oft nur handtuchbreiten Gassen und nicht zuletzt die Kathedrale Notre-Dame würde Flaubert, der abgesehen von einigen Studienjahren in Paris und einer ausgedehnten Orientreise sein ganzes Leben in Rouen verbrachte, mühelos wiedererkennen – ebenso wie den Justizpalast.

Dort wurde ihm wegen des anstößigen Inhalts von »Madame Bovary« der Prozess gemacht. Es gelang Flaubert, sich mithilfe eines Anwalts und dem Hinweis auf das gerechte Ende Emmas einer Verurteilung wegen Verstoßes gegen die guten Sitten zu entziehen. Mit einem Schlag war er berühmt.

Rouen hat seinem ruhmreichen Sohn nichts nachgetragen. Die Stadt pflegt sein Erbe liebevoll, aber leidenschaftslos. So sind seine Wohnstätten als Museen erhalten und seine Bibliothek wird im Trauungssaal des Rathauses von Canteleu als schöne Hochzeitskulisse bewahrt. Doch die Geburtstage des Dichters verstreichen in aller Regel ohne besondere Feierlichkeiten.

Auch das Elternhaus Flauberts ist heute ein Museum: die Dienstwohnung von Vater Achille-Cléophas Flaubert, Chefchirurg am Krankenhaus Hôtel-Dieu. Die Architektur des Gebäudes aus dem 18. Jahrhundert erinnert eher an ein Herrenhaus als an ein Hospital. Im Schlafzimmer im ersten Stock wurde Gustave Flaubert am 12. Dezember des Jahres 1821 geboren. Authentisch sind hier nur die Holztäfelung an den Wänden und die verzierten Wandleuchter. Das Bett im Alkoven mit der schweren Tagesdecke macht die Tatsache, dass in diesem Raum einer der großen französischen Erzähler zur Welt kam, dennoch eindrücklich. In den Zimmern der Kinder Gustave, Achille und Caroline unterm Dach befinden sich heute Büros.

Die übrigen Räume aber erzählen viel über das Familienleben, die Einflüsse, die die Kinder prägten, und das Leben im 19. Jahrhundert. Gustave war ein kränkliches Baby, für das Vater Achille als Erstes eine Grabstelle kaufte. Zwei Kinder hatten seine Frau und er bereits verloren, als ihnen dieser Sohn geschenkt wurde. Doch Gustave überlebte. Er wuchs zu einem verträumten Knaben heran, der als begabt galt, sich jedoch oftmals auf andere als schulische Belange konzentrierte und dem Vater häufig vom Garten durchs Fenster beim Sezieren zuschaute.

Ein Teil des Museums ist dem Wesen der Medizin im 19. Jahrhundert gewidmet. Sehr deutlich zeigt diese Ausstellung, dass in einer Zeit, als allein Tuberkulose und Syphilis Millionen dahinrafften, jede Krankheit ein Todesurteil bedeuten konnte. Ein Lager mit Strohmatratze, deren Größe auf den ersten Blick großzügig erscheint, war für sechs Patienten bestimmt, die hier in engstem Miteinander Leid und Keime teilen konnten. Kuriositäten wie Schädel, die auf für bestimmte Verbrechen typisch erscheinende Beulen untersucht wurden, sowie furchterregende Exponate von der Amputationssäge bis zur Mumie im Glasschrank beweisen zudem, dass der Arztberuf nichts für Zartbesaitete war.

Wie eigentlich das ganze Leben. In einem Glasschrank ist das aus Stoff gestaltete Becken einer Frau ausgestellt. Mit dieser Puppe, die Madame du Coudray im 18. Jahrhundert erfand, konnten Hebammen die Entbindung von Steißlagen üben. Die Ausstellung »Les Enfants du secret« im Erdgeschoss erzählt von den sozialen Realitäten der Epoche. In einer Zeit, als eine Geburt für eine unverheiratete Mutter eine Katastrophe bedeutete, begannen ungezählte Babys ihr Leben auf den Stufen von Kirchen oder Krankenhäusern – wenn sie es denn begannen. Zettel mit Geburts- und Taufdaten erinnern an die Kinder, die vor dem Krankenhaus Hôtel-Dieu abgestellt wurden.

Flaubert, der es Bruder Achille überließ, dem Vater als Chirurg zu folgen, und selbst nur die Antriebe seiner Figuren sezierte, blickt heute von seinem Denkmal an der Place des Carmes in Richtung seines Hauses in Croisset. Einstmals ein ruhiger Villenvorort an der Seine, ist Croisset heute Teil von Rouens Nachbargemeinde Canteleu. Vom Haus, das der Schriftsteller mit seiner verwitweten Mutter und der Nichte Caroline bewohnte, ist lediglich der Pavillon im Garten erhalten, in dem Flaubert täglich schrieb. Fünfunddreißig Jahre lang lebte und schrieb er im Haus am Fluss. Ermöglicht wurde ihm das zurückgezogene Leben durch das Erbe des Vaters, der das Anwesen 1844 gekauft hatte. Flauberts 1856 veröffentlichter Roman um die treulose Emma brachte ihm zwar Ruhm, doch keinen Reichtum.

Gelegentlich sah er von der Arbeit auf und blickte auf den Schiffsverkehr auf der Seine. So nahe liegt der Pavillon am Ufer, dass das Licht des arbeitenden Schriftstellers Kapitänen an finsteren Abenden den Leuchtturm ersetzte. Aber auch für Flaubert war die Nähe zum Fluss wichtig. Jeden Morgen schwamm er in der Seine, während sein Diener im Boot den Strick hielt, den er sich zur Sicherheit um den Bauch gebunden hatte. 1872 starb Madame Flaubert und hinterließ das Haus in Croisset ihrer Enkelin Caroline; Flaubert selbst erhielt ein lebenslanges Wohnrecht. Fortan lebte er hier mit seiner Nichte, die er nach dem frühen Tod seiner Schwester aufzog.

Als ein Sägewerk, in das er investiert hatte, pleiteging, wurde es für den Schriftsteller finanziell eng. An jenem Samstag, als Flaubert tot im Haus in Croisset gefunden wurde, lag vor ihm der geöffnete Brief des Gerichtsvollziehers. Aus ihm ging hervor, dass das Anwesen an der Seine unter den Hammer musste. Wegen des unzeitigen Verkaufs ist von dem Haus, in dem später eine Destille, dann eine Papierfabrik ansässig war, nur der Gartenpavillon mit einigen Gegenständen aus seiner Habe wie dem Tintenfass und einem ausgestopften Papagei geblieben. In dem Raum können die Besucher heute Flauberts gedenken und seinen Blick auf die Seine teilen. Der Fluss ist indessen das Einzige, das von der einstigen ländlichen Idylle geblieben ist. Am anderen Ufer rauchen Fabrikschlote. Wo sich früher grüne Auen erstreckt haben mögen, liegen heute Lagerhallen, Kräne, Container und Fabriken. Durch Emissionen gefilterte Sonnenstrahlen tauchen die Szenerie in warmes, versöhnliches Licht.

Dabei ist die Normandie reich an Landschaften, die ihren Zauber ganz ohne Smog verströmen. Der Sprengel Lyons-la-Forêt kann zwar keine direkte Verbindung zum berühmtesten normannischen Literaten nachweisen. Dafür wohnte hier immerhin Maurice Ravel (1875–1937). Mehrmals kam der Komponist her, um im Haus seiner Patin abzuschalten und in ländlicher Ruhe die Melodien in seinem Kopf zu ordnen. Heute ist das Anwesen mit dem weitläufigen Park das Ferienhaus einer Pariser Familie.

Die prachtvollen alten Fachwerkhäuser von Lyons-la-Forêt und die Hauptstraße, die sich einen Hang hinaufwindet, bevor sie sich auf die Place Banserade mit der überdachten Markthalle aus dem 17. Jahrhundert öffnet, sind zudem von so friedlicher Schönheit, dass »Madame Bovary« hier gleich zweimal verfilmt wurde: 1932 drehte Jean Renoir in dem Dorf eine Szene, 1990 Claude Chabrol alle Außenaufnahmen seiner Verfilmung mit Isabelle Huppert. Zeitungsausschnitte und ein Ordner mit Fotos erinnern im Tourismusbüro im einstigen Kerker des Städtchens noch an die turbulenten Monate, als die Filmcrew aus Paris in das Dorf einfiel. Alle Indizien aufs 20. Jahrhundert wurden aus dem Stadtbild entfernt und sogar die Straßenbeläge sorgsam mit Sand abgedeckt. Geblieben ist außer Ruhm und hohen Immobilienpreisen der kleine Brunnen auf dem Marktplatz, der in die Filmkulisse eingefügt und anschließend dagelassen wurde.

Während sich Lyons-la-Forêt bei der Vermarktung der Bovary-Verbindung in vornehmer Zurückhaltung übt, liefert das kleine Ry den endgültigen Beweis der These, dass das Leben die schlimmsten Geschichten schreibt. In Ry, dessen Name alleine eine Verbindung zur Protagonistin des Romans gestattet, lebte zu Flauberts Zeit die unglückliche Delphine Delamare. Sie heiratete einen Landarzt, bekam mit ihm eine Tochter, begann eine Affäre, verschuldete sich und beging Selbstmord mit dem Gift, das sie sich in der Apotheke schräg gegenüber beschafft hatte. Dass ihr Mann, der bald nach dem Tod Delphines an gebrochenem Herzen starb, ein ehemaliger Student von Flauberts Vater und die beiden Familien daher miteinander bekannt waren, erschwert die Beweislast zusätzlich. Als sicher gilt, dass Flaubert von dem Fall in der Zeitung las; es gibt jedoch keinen Hinweis darauf, dass er jemals in Ry war.

Das Siebenhundertfünfzig-Einwohner-Dorf, das im Wesentlichen aus der Hauptstraße Grand' Rue besteht – »einen Büchsenschuss weit, gesäumt von der Kirche, dem Friedhof, der Apotheke, dem Rathaus und einem Gasthaus«, wie es im Roman über ihr Dorf Yonville-l'Abbaye heißt –, lebt heute nicht schlecht von seiner Überzeugung, Heimat der »wahren« Madame Bovary zu sein. Der Kurzwarenladen heißt »Emma«, das Restaurant neben der Markthalle »Le Bovary«. Dass das Viertel, in dem das zweite, kleinere Haus der in finanzielle Schwierigkeiten geratenen Delamares steht, heute nach dem Namen eines Flusses im Roman »Fonteneau« heißt, beweist jedenfalls, dass aus Dichtung manchmal tatsächlich Wahrheit wird.

Auf dem Kirchhof, der einen Steinwurf hinter der Markthalle auf einem Hügel liegt, erzählen zwei Grabsteine neben der Kirchenmauer die Geschichte einer unglücklichen Familie. Die erste Frau von Eugène Delamare starb bald nach der Hochzeit. Eine Gedenktafel erinnert an seine zweite Gattin: Delphine Delamare, geborene Couturier, verschied 1848 im Alter von sechsundzwanzig Jahren. Ihr Grabstein wurde gestohlen, auf der Tafel, die der Verband französischer Schriftsteller 1990 stiftete, ergänzt der Zusatz »Madame Bovary« ihren Mädchennamen. Eugène folgte Delphine kurz darauf im Alter von siebenunddreißig Jahren. Hell scheint die Sonne auf die einsamen Gedenksteine der so sinnlos Verstorbenen. Immerhin, so könnte man sich trösten, ist Weltliteratur daraus geworden.

Für alle Fälle Calvados

Ihrer Bilderbuchlandschaft aus Kuhweiden und Apfelbäumen verdankt die Normandie ihre drei berühmten »C«

Das Fachwerkhaus aus dem 17. Jahrhundert liegt in goldenem Septembersonnenschein. Die Luft duftet nach Hefe. Im Obstgarten hat die Ernte begonnen. Berge roter, gelber und grüner Äpfel sind bereits gepflückt und ordentlich nach Farben sortiert zu beachtlichen Bergen aufgehäuft. Einige Bäume biegen sich noch unter Früchten. Bilderbuch-Normandie eben; nur die grasenden Kühe fehlen. Landschaften wie diese sind für bedeutsame Merkmale der Region verantwortlich: *calvados, cidre, camembert* und die rasche Gewichtszunahme von Normandie-Reisenden.

»Wir haben dreißig Apfelsorten in unserem Obstgarten«, erklärt Guillaume Drouin, der das Idyll dieses alten Hofes sein Eigen nennt. So sonderlich viel sei das aber gar nicht, fügt er mit bescheidenem Stolz hinzu. Denn: »In der Normandie haben wir zweihundert verschiedene Apfelsorten.« Davon sind allerdings längst nicht alle für die *Calvados*-Herstellung geeignet. Tatsächlich sind nur achtundvierzig Sorten zugelassen. Neben unterschiedlichen Aromen, die eine Wissenschaft für sich darstellen, sind auch prosaische Qualitäten gefragt: Die Äpfel müssen den Winter gut überstehen – viele werden erst zu Beginn der kalten Jahreszeit geerntet – und sich bis zum Frühling ohne Qualitätsbeeinträchtigung lagern lassen.

Menschen prägen die Landschaften, in denen sie leben. Und zwar nicht selten, bis diese unter Straßen, Schildern und sonstiger Bebauung oder unmäßiger agrarischer Nutzung kaum mehr zu erkennen sind. Aber Landschaften prägen auch die Menschen, die sie bewohnen, ihren Lebensstil und ihre kulinarischen Gepflogenheiten. In der ganzen Normandie gibt es nur einen einzigen Winzer, im Département Calvados. Gérard Samson ist zwar von Haus aus Notar, doch sein Herz schlägt für den Wein. Deshalb hat er mit normannischem Eigensinn und viel Sachverstand in Saint-Pierre-sur-Dives das erstklassige Weingut »Les Arpents du Soleil« aufgebaut. Er profitiert dabei von einem exzellenten Mikroklima, gutem Boden und südlichen Hanglagen. In der Regel eignen sich Klima und Böden der Normandie jedoch weniger für die Hege von Rebstöcken als die meisten anderen Gegenden Frankreichs. Doch aus saftigen Weiden, blühenden Obstgärten und Salzmarschen lässt sich eben auch eine Menge machen.

Auch wenn die Spätsommersonne nicht immer von samtig blauem Himmel scheint, sondern oft genug der Wind mehrere Wetterumschwünge pro Tag bringt. *Calvados*-Wetter das ganze Jahr eben. Was für Generationen von Malern interessante Lichtstudien bedeutet hat, zählt für Reisende so immerhin als Entschuldigung für ausgedehnte Besuche in den

Destillerien, von denen es über vierzig gibt – die Mehrzahl davon im Département Calvados.

Die Départements Calvados und Orne bilden das Land, in dem nicht nur *cidre* und *calvados* fließen, sondern vor allem der Rohstoff dieser gehaltvollen normannischen Spezialitäten wächst: der *Cidre*-Apfel. Äpfel, die sich für die Herstellung von *cidre* und *calvados* eignen, sind ihrer farbenfrohen Schönheit zum Trotz nicht notwendigerweise besonders schmackhaft, wenn man sie direkt vom Baum pflückt und isst. Viele Sorten sind sogar ziemlich bitter – und dennoch die Basis für Getränke, die am Ende des Herstellungsprozesses geschmacklich überzeugen. Für den Geschmack des *calvados* ist das Verhältnis der Apfelsorten entscheidend: Süße und bittere Äpfel werden zu gleichen Teilen verwendet, etwa ein Fünftel machen saure Äpfel aus.

Geerntet wird, wenn etwa zehn Prozent der Äpfel auf dem Boden liegen. Dann werden die Früchte gestampft. Einige Wochen dauert es, bis der Apfelmost zu *cidre* vergärt, dessen Alkoholgehalt um fünf Volumenprozent liegt. Aus zwei Jahre gelagertem *cidre* wird dann nach zwei Destillationen, dem Roh- und dem darauf folgenden Feinbrand, der *calvados* der Zukunft. Zur endgültigen Reifung muss dieser noch mindestens zwei Jahre im Eichenfass lagern. »Die Fässer müssen alt sein, damit der Inhalt sich langsam entwickelt«, mahnt Guillaume. Ehemalige Sherry- oder Weinfässer können sich positiv auf das Aroma auswirken. Jedes Fass ist anders, und erst nach einer Verkostung wird entschieden, wie es für den Schnaps weitergeht, ob er zunächst in ein jüngeres, dann in ein älteres Fass umgefüllt wird. Der Lagerraum muss kühl sein und gerade genug Luftfeuchtigkeit aufweisen. Bevor der *calvados* abgefüllt wird, verdünnt man die Spirituose, die mit einem Alkoholgehalt von rund siebzig Volumenprozent nach dem zweiten Brand noch nicht sonderlich bekömmlich ist, mit Wasser, sodass sie mit Genuss getrunken werden kann.

Zweitausend Fässer besitzt die Brennerei, einige sind hundert Jahre alt. Der älteste *calvados* der Drouins stammt aus dem Jahr 1948. Sogar ein Vorkriegsschnaps ist noch im Besitz der Familie. Alter ist hier ein Vorzug: Kenner schwören auf den Âge d'Or, der mindestens zwölf Jahre gereift ist.

Guillaume Drouin führt die *Calvados*-Brennerei in den Hügeln von Conneville bei Honfleur in dritter Generation. Sein Großvater Christian kaufte 1960 ein Landhaus in der Gegend. Dort wuchsen wie fast überall in diesem Teil der Normandie Apfelbäume, deren Früchte er an Brennereien verkaufte. Da das nur wenig einbrachte, beschloss er, lieber selbst *calvados* herzustellen. Das geht jedoch nicht von heute auf morgen. »Zwanzig Jahre lang destillierte er, ohne eine Flasche zu verkaufen«, erzählt sein Enkel Guillaume, der die Geschäfte im Jahr 2004 übernahm. »Dann hatte er einen guten Vorrat an Jahrgängen, von denen jeder unterschiedlich gealtert war.« Aus diesem Fundus schuf Guillaumes Vater Christian im Jahr 1980 die Marke Cœur de Lion, Löwenherz. Dabei sah er durchaus nicht ein, dass Cognac in die ganze Welt exportiert wird, während der *calvados* allzu fest in Bars und Restaurants der Normandie verwurzelt schien.

»Mein Vater sprach mit Köchen und Sommeliers in Spitzenrestaurants und fuhr mit seinem *calvados* durch die ganze Welt«, erzählt Guillaume Drouin. Mit Erfolg. Noch in den achtziger Jahren etablierte sich das Löwenherz in Deutschland, heute weiß man die Apfelschnäpse, für die die Familie mittlerweile mehr als zweihundert Medaillen gesammelt hat, auch in Japan, Russland und den Vereinigten Staaten zu schätzen. Allerdings trägt das Löwenherz heute den Namen des Unternehmensgründers und seines Sohnes: Christian Drouin.

In die Literatur hatte der normannische Apfelbranntwein da längst Eingang gefunden. George Simenons unsterblicher Kommissar Maigret wusste sich bei einem Herrengedeck aus Kaffee und *calvados* zu entspannen und manchen klaren Gedanken zu fassen. Erich Maria Remarque lässt die beiden Liebenden in seinem Emigrantendrama »Arc de Triomphe« *calvados* trinken, wenn sie glücklich sind. Kein Zweifel: Der *calvados* ist ein Schluck für viele Gelegenheiten.

An andere Momente lässt er sich anpassen. Der Pommeau, der zu drei Vierteln aus Apfelsaft besteht, zu einem Viertel aus *calvados*, passt gut zu *foie gras* und eignet sich als *apéritif*. Durch die Verlängerung mit Saft erreicht er zudem ein größeres Publikum als sein kurzer Bruder.

»In den vierziger Jahren trank man *calvados* gerne weiß, also ungereift«, erzählt Guillaume Drouin. Keine ganz leichte Angelegenheit, denn in diesem

Stadium beträgt der Alkoholgehalt des Tropfens gut sechzig Volumenprozent. Bei gereiftem *calvados* liegt der Alkoholgehalt bei etwas verträglicheren vierzig bis fünfundvierzig Volumenprozent. »Aus Respekt vor der Tradition haben wir uns vor acht Jahren entschieden, wieder einen Weißen zu produzieren.« Sonderlich leicht verkäuflich ist dieses »Eau-de-Vie de Cidre« nicht, denn »Calvados de Normandie« darf nur heißen, was mindestens zwei Jahre gereift ist (und aus elf genau definierten Gebieten der Normandie stammt). So ist der Weiße vor allem etwas für Liebhaber und Nostalgiker.

Obwohl der gereifte *calvados* seinen Weg zunehmend auch in schicke Bars findet – sogar in der »Hemingway Bar« des Pariser Ritz wird ein Cocktail aus *calvados*, Champagner und Apfelsaft gemixt –, hat sich die Zahl der Produzenten in nur zwanzig Jahren von dreitausend auf dreihundert verringert. Früher leistete sich mancher Bauer die Herstellung für den eigenen Bedarf oder als Nebenerwerb; das haben umfangreiche Vorschriften mühsam gemacht. »Der ganze Aufwand lohnt sich nur noch, wenn man große Kapazitäten hat«, erklärt Guillaume Drouin. Denn der Apfelbranntwein braucht Zeit, um sich zum Genuss zu entwickeln, und es dauert, bis er Gewinn abwirft: »Ich arbeite mit *calvados*, den mein Großvater destilliert und mein Vater entwickelt hat.« Auch der Obstgarten ist der seines Großvaters, und die Destille aus dem Jahr 1946, die dieser erwarb, nutzt der Enkel bis heute.

So gerät die *Calvados*-Herstellung leicht zu einem generationenübergreifenden Projekt. Schnellere Erfolgserlebnisse erlaubt die Produktion von *camembert*. Auf einem appetitlichen Bett aus Feldsalat, Rauke und (natürlich) Apfelstückchen angerichtet und begleitet von einem Glas trockenem *cidre* sieht er nicht nur verführerisch aus, sondern entfaltet auch seinen Geschmack in schönster Weise. Dabei ist der cremige nur der bekannteste, nicht aber der einzige normannische Käse – Livarot, Neufchâtel und Pont l'Evêque sind nicht nur die Namen schmucker Dörfer, sondern bezeichnen auch köstliche Käsesorten streng kontrollierter Herkunft.

Der viel geliebte und daher auch häufig kopierte Weißschimmelkäse *camembert* entstammt einem Dorf im Pays d'Auge, dessen Ortsschild zu den meistfotografierten Frankreichs gehört: Camembert. Die Bäurin Marie Fontaine Harel erfand der Überlieferung zufolge im Jahr 1791 auf einem etwas oberhalb des Dorfes gelegenen Hof den nussig schmeckenden Käse. Allerdings steuerte sie vor allem den Rohstoff bei. Wie man aus der Milch normannischer Kühe zarten, nussigen Weichkäse macht, das verriet ihr ein Priester aus – ja, aus dem Brie, wo man sich ein wenig mit der Käseherstellung auskannte. Marie versteckte Abbé Charles-Jean Bonvoust während der Französischen Revolution bei sich im Manoir de Beaumoncel. Im Gegenzug und womöglich auch zur Verbesserung des kulinarischen Niveaus des gastlichen Hauses erklärte er ihr, wie man Milch zu Käse macht. Landesweiten Ruhm erlangte der *camembert* später durch seinen Erfolg bei Napoléon III., der auf den köstlichen Käse nicht verzichten mochte.

In Zeiten möglichst preiswerter industrieller Herstellung von Lebensmitteln ist es nötig geworden, auch den echten *camembert* mit einem Herkunftssiegel von billigen Imitaten unterscheidbar zu machen. »Camembert« darf zwar jeder beliebige Weichkäse heißen. Doch verbirgt sich hinter dem klangvollen Namen nicht selten eher zweifelhafte Ware. Das Gütezeichen »Appellation d'Origine Contrôlée«, kurz AOC, darf jedoch nur die Verpackung von Käse zieren, der in der Normandie aus der Rohmilch normannischer Kühe hergestellt wurde. Seine Kruste duftet verlockend, das Innere ist weiß, cremig und von dezenter Würze.

Kuhweiden, alte Fachwerkhäuser und Obstgärten machen diesen Winkel der Normandie zu einer Landschaft, wie man sie sich friedlicher und verträumter kaum vorstellen kann. In Camembert unterhält das berühmte Haus »Président«, das sich außer auf Käse auch auf die Herstellung wunderbarer gesalzener Butter versteht, einen Bauernhof, in dem Besucher Käse und *cidre* probieren können. Aber auch die kleine Käserei Durand ist hier heimisch, die mit der »Ferme de la Héronnière« von Hand geschöpften *camembert* produziert. Natürlich besitzt dieses Produkt ein AOC-Siegel. François Durand verarbeitet hier jeden Morgen die Milch seiner sechzig Kühe. Daraus entstehen keine Riesenmengen, sondern ein Käse, der seinen Preis hat. Aber eben auch einen unvergleichlichen Geschmack, der zuverlässig davor schützt, im Supermarkt nach blassen Imitaten zu greifen. Kenner behaupten, im echten *camembert* könne man noch dem Aroma der

Äpfel nachspüren, die die Kühe auf ihren Weiden als Fallobst verzehren. Aber dafür muss man nicht nur sehr zarte Geschmacksknospen haben. Man muss vor allem Normanne sein.

Mit den Füßen im Sand hebt sich die Seele

Zur Tagundnachtgleiche steigt das Meer am Mont Saint-Michel in Rekordhöhen. Eine Wanderung durch eine besonders bewegliche Bucht

Schnell und stetig rauscht das Wasser in die Bucht. Von den Befestigungsmauern des Mont Saint-Michel aus schauen Besucher zu, wie die Flutwelle vorrückt, schließlich die Brücke unterspült und den Platz am Fuß des Bergs schrumpfen lässt. Still, fast ehrfürchtig stehen die Menschen oben. Das Naturphänomen wirkt heute womöglich ähnlich beeindruckend wie einstmals der Anblick des Pilgerziels nach langer und gefahrenreicher Wanderschaft, auf der letzten Etappe durch Sümpfe, Schlick und Treibsand. Unten überlegen Unentschlossene, ob sie zum Kloster oder zur Brücke ausweichen. Schon steht das Wasser knöchelhoch, die einen laufen nach links, die anderen nach rechts. Die Brücke, die Festland und Berg seit 2014 anstelle des Damms aus dem 19. Jahrhundert miteinander verbindet, endet nun im Wasser. Der Mont Saint-Michel ist eine Insel – für eine Stunde.

Dass das mehrmals im Jahr wieder der Fall ist, ist das Ergebnis eines Projekts herkulischer Ausmaße. Zuvor war die Bucht so stark versandet, dass die Klosterinsel zu verlanden drohte. Nicht nur die UNESCO, die Berg und Bucht zum Weltkulturerbe zählt, beobachtete diese Entwicklung mit Sorge. Schließlich ist seine schwer zugängliche Lage ebenso charakteristisch für den Zauberberg wie seine Bedeutung als eine der wichtigsten Stätten des christlichen Mittelalters. Mitte der neunziger Jahre wurde daher das hundertvierundachtzig Millionen Euro teure Vorhaben zur »Wiederherstellung des maritimen Charakters« des Bergs ersonnen und 2006 von Staat und Region auf den Weg gebracht. Der Damm nebst hässlichem Parkplatz, der neben der Trockenlegung von Küstengebieten und der Kanalisierung des Flusses Couesnon zur Versandung der Bucht geführt hatte, wurde abgetragen, Schlamm aus der Bucht ausgebaggert und vor die Mündung des Couesnon eine Stauanlage gesetzt. Der Gezeitendamm lässt das bei Flut zurückgehaltene Meereswasser mit Druck ab und fegt so Sand und Sedimente aus der Bucht. Heute ist der Berg über eine elegante, siebenhundertsechzig Meter lange Stelzenbrücke zu erreichen – zu Fuß, per Shuttle-Bus oder romantisch mit der Pferdekutsche. Und gelegentlich tost auch die Flut wieder in die Bucht.

Mit einem Tidenhub von regelmäßig über zwölf Metern besitzen die Gezeiten in der Bucht des Mont Saint-Michel unbedingt Dramatik. Nirgends sonst in Europa bewegt sich das Meer so dynamisch. Nach Voll- und Neumond, wenn der Gezeitenkoeffizient – ein Wert zwischen zwanzig und hundertzwanzig, der vor allem in Frankreich verwendet wird, um die Differenz zwischen Niedrig- und darauffolgendem Höchstwasserstand zu bezeichnen – über neunzig liegt, wird die Flut besonders hoch. Um die Tagundnachtgleichen erreicht sie Rekordwerte. Vor einigen Jahren stieg das Wasser innerhalb von fünf Stunden so um vierzehneinhalb Meter. Sobald der Gezeitenkoeffizient einen Wert von hundertzehn erreicht, ist der Berg zu Fuß nicht mehr erreichbar. Vor allem in Frühling und Herbst verspricht der Gezeitenkalender solche Springfluten.

Dann steigt eine Flut aus dem Ärmelkanal auf, deren erste Welle den Mont Saint-Michel umspült und die sich bis in den Couesnon schiebt. Le Mascaret wird sie genannt und sieht von den Wehrmauern und Aussichtspunkten des Klosterbergs durchaus harmlos aus. Hoch ist sie nämlich nicht. Dafür aber besonders schnell. Kajaks, Jetski und Schlauchboote trägt sie flott in die Bucht. Denn das Tempo der einlaufenden Flut ist rasant – Victor Hugo übertrieb nicht, als er es mit dem eines Pferdes im Galopp verglich. Wattläufer, die sich nicht rechtzeitig in Sicherheit gebracht haben, machen die unschöne Erfahrung, vor dem Wasser davonrennen zu müssen – was schwierig wird, wenn ein bereits vollgelaufener Priel den Weg zum Land versperrt. Trotz aller Warnungen, das Gelände nur in Begleitung eines Guides zu erkunden, müssen immer wieder Wattwanderer aus der Luft vor den Fluten gerettet werden.

»Die Bucht ist flach und trichterförmig, und das Wasser kommt mit Wucht von der südenglischen Küste zurück«, erklärt Wattführer François

Lamotte d'Argy, als das Meer dreieinhalb Stunden später am Horizont verschwunden ist. Hinter ihm steigen die ersten Gruppen mit hochgekrempelten Hosen und an die Rucksäcke gebundenen Schuhen barfuß ins Watt. Auf dem linken Handrücken hat François wie immer mit Kugelschreiber die Uhrzeiten von Höchst- und Tiefststand notiert. In fließendem Deutsch begrüßt der Sohn einer deutschen Mutter und eines normannischen Vaters seine heutigen Gäste, die aus Deutschland und der Schweiz kommen. Seit einer beruflichen Neuorientierung betreibt er mit seiner Frau ein kleines Hotel an der gegenüberliegenden Seite der Bucht in Dragey-Ronthon und arbeitet als Wattführer. Zweihundert Tage des Jahres verbringt er mit den Füßen im Wasser und zeigt Urlaubern die Natur in der Bucht und die Klosterfestung aus ungewohnten Perspektiven. »Die Bucht ist für mich ein großer Spielplatz, aber sie hebt auch Seele und Geist.«

Kein Wunder, wacht über ihr doch eines der großen christlichen Pilgerziele. Auf Geheiß des Erzengels Michael höchstselbst erbaute Bischof Aubert von Avranches im 8. Jahrhundert auf dem Felsen im Meer ein Kirchlein. Gleich dreimal war der Engel ihm zuvor erschienen; beim dritten Besuch verlieh er seiner Forderung, Aubert möge auf dem achtzig Meter hohen Felsen mit Namen Mont Tomb – Grabesberg – eine Kapelle errichten, besonderen Nachdruck: Er tippte dem schlafenden Bischof fest auf den Kopf. So erklärten sich spätere Generationen das Loch in seinem Schädel, der heute in einem Reliquienschrein in der Kirche Saint-Gervais-et-Saint-

Protais in Avranches ruht. Es war 708, und der jäh erwachte Aubert nahm den Wink nun ernst. Dass draußen ein Orkan tobte, der dem Berg die Verbindung zum Land entriss, mag Aubert als kosmische Unterstützung des Auftrags interpretiert haben, wiewohl die neue Lage des Berges im Meer die Umsetzung des Projekts nicht erleichterte.

Nach der Übernahme des Berges nebst Kirchlein durch Benediktinermönche entstand im 10. Jahrhundert die komplizierteste und teuerste Baustelle des Mittelalters. Der Granitstein, der für den Bau von Kirche und Kloster benötigt wurde, musste von den Chausey-Inseln mit Booten auf den einen Kilometer vor der Küste gelegenen Felsen transportiert und auf dem nach oben spitz zulaufenden Gelände buchstäblich in die Höhe getürmt werden. Über Jahrhunderte wurde der Sakralbau immer wieder vergrößert; himmelwärts. In die Breite konnte wegen der Enge des Zauberbergs nicht gebaut werden. Im Mittelalter war der festungsartige Bau das wichtigste Pilgerziel des Abendlands, dem erst Santiago de Compostela in Nordwestspanien mit der Grabkirche des Heiligen Jakob Konkurrenz machen würde. Aus ganz Europa strömten Pilger herbei. Fassungslos standen sie vor dem Wunderwerk, das sich aus den Fluten erhob, und ließen eine einträgliche Tourismusindustrie erblühen. So groß war der Ansturm, dass die Reisenden einander in den Gassen des Glaubensbergs bisweilen buchstäblich erdrückten. Weitere Opfer forderte das Meer. Zum Schutz der Pilger wurden im 17. Jahrhundert die Polder angelegt, die bis auf einen Kilometer an den Berg heranreichten. Es war der erste Schritt zur Verlandung des Mont Saint-Michel.

Der Einstieg wird rutschig, warnt Wattführer François. Er verspricht nicht zu viel: Auf den ersten fünfzig Metern erfordert es Konzentration, überhaupt auf den Beinen zu bleiben. Der frisch freigelegte Meeresboden ist glatt wie Schmierseife. Doch bald wird der Boden verlässlicher und es ist möglich, sich umzusehen: An der einen Seite Unendlichkeit, an der anderen der mächtige Klosterfels und sein Spiegelbild im Schlick. Die schlanke, von der Bronzefigur des Erzengels Michael gekrönte Spitze der Klosterkirche ragt in einen fahlen Himmel. Von den Besuchermassen, die die wichtigste Sehenswürdigkeit Frankreichs außerhalb von Paris gewöhnlich heimsuchen, ist von hier aus nichts zu sehen. Zwar entstand die Turmspitze erst spät. Doch deutlich anders kann das Panorama in früheren Jahrhunderten kaum ausgesehen haben.

François identifiziert Stelzvögel, Austernfischer, Stockenten, Regenpfeifer und Strandläufer, zeigt einen Fischadler am Himmel und erläutert die Sexualität von Muscheln. Er weist seinem Grüppchen den Weg durch den ersten der beiden Flüsse, die bei Ebbe wie bei Flut in die Bucht fließen. Er weiß, wo das Wasser eine Querung in Shorts erlaubt. Allerdings macht die Strömung dieses Manöver recht anspruchsvoll – der Fluss drängt zielstrebig in Richtung des entschwundenen Meeres, und es ist nicht leicht, das Gleichgewicht zu halten. Jenseits des Flusses erscheint Tombelaine aus dem Dunst, die unbewohnte Nachbarinsel des Mont Saint-Michel.

Einst wollte man hier ein Hotel erbauen, heute ist sie Vogelschutzgebiet.

Für seine deutschsprachigen Gäste macht François eigens einen Sandwurm ausfindig. »Deutsche interessieren sich immer für Sandwürmer, das ist ein ganz großes Thema an der Nordsee«, sagt er mit schalkhaftem Lächeln. »Wir nehmen das hier gar nicht so wahr.« Ein zweiter, breiterer Fluss ist zu queren, François sucht nach einer flachen Stelle und geht voran. Wieder ist die Strömung stark, doch nach einigen beherzten Schritten durchs Wasser ist es geschafft. Weiter geht es über eine Sandbank und dann durch angenehm temperiertes, knöcheltiefes Wasser. François erzählt, dass er immer wieder Wanderer aus der Bucht treibt, die zu spät oder alleine unterwegs sind. Kürzlich habe er eine Familie mit zwei Kindern auf der Meerseite eines Priels gesehen. »Ich habe gerufen, ihr müsst jetzt schnell da drüben an Land laufen, hier kommt ihr nicht mehr rüber.« Erst gestern begegnete er einem Paar, das ins Meer hinauslief, als er mit seiner Gruppe bereits auf dem Rückweg war. Es gelang ihm, die beiden zur Umkehr zu bewegen. François schüttelt den Kopf über so viel Unvernunft.

Nicht nur wegen der Wasserbewegungen und der Flüsse, die sich nicht überall bequem durchwaten lassen, ist es ratsam, die Bucht nur in Begleitung Ortskundiger zu durchstreifen. Auch der Treibsand, der Pilger in früheren Zeiten in Sichtweite ihres Ziels nicht selten in tödliche Schwierigkeiten brachte, stellt auch heute noch eine Gefahr dar. François kennt die Stellen, an denen scheinbar fester Boden weich wie Pudding ist, und demonstriert, wie schnell man hier einsinkt. Zum Glück weiß er auch, wie man dem Sand entkommt: Er lässt sich weit nach vorne fallen und dann in die Gegenrichtung. »Man muss seine Körperfläche vergrößern. Das geht am besten durch Vor- und Zurückschwenken, dann gewinnt man Raum und kommt wieder heraus.« Tatsächlich gelingt es ihm, sich mit einigen Schwüngen zu befreien.

Das Projekt zur Wiederherstellung des maritimen Charakters des Mont Saint-Michel hat François als Kind der Bucht mit leidenschaftlichem Interesse verfolgt. Einige Wattführer fürchteten, die neuen Strömungsverhältnisse könnten ihre Routen unpassierbar machen. Das trat nicht ein. Andere Zweifel aber blieben, zumal die Renaturierung in wesentlichen Teilen auf Ingenieursleistungen fußt. »Früher konnten die Flüsse frei im Mündungsgebiet in ihren Betten wandern und hereinkommenden Sand teilweise zurückspülen. Durch die Eingriffe haben sich die Flussbetten verfestigt, ihre Ufer sind in die Höhe gewachsen«, sagt François. So könne aus der Bucht irgendwann doch wieder eine Salzwiese mit Flüssen werden, fürchtet er. Derzeit ist die Bucht indes so beweglich wie der Klosterberg massiv. Nach drei Stunden und sieben Kilometern ist es schön, ihn zuverlässig am Platz zu finden. Bis zu den Knien mit grauem Schlick bedeckt, erreichen die Wanderer festen Grund. Ein Brunnen ermöglicht die Reinigung der Füße, bevor es zum Allerheiligsten hinaufgeht.

»Wir beten in der Mitte des Tourismus«, erklärt unterwegs eine junge Ordensschwester, die über die schmalen Treppen des Berges eilt. Sie sei Mitglied der Fraternité Monastique de Jerusalem, erzählt die junge Frau. Die Bruderschaft hat den Glaubensberg 1969 zu seiner Bestimmung zurückgeführt. »Wir leben nicht zurückgezogen von den Menschen und vom Alltag, sondern mittendrin«, erklärt die Schwester, die nicht mit Namen genannt werden möchte. Vergnügt lächelt sie unter ihrer weißen Haube und entschwebt.

Schon die Benediktiner ließen sich von den Herausforderungen des Lebens zwischen Himmel und Meer nicht beeindrucken. Sie beteten in der ungeheizten Kirche auf Holzbänken ohne Lehnen. An normalen Tagen lasen sie sieben Messen, an Festtagen neun. Der älteste Schmuck der Kirche, der den Sturm der Revolution überdauert hat, ist eine geschnitzte Figur des Erzengels Michael aus dem 15. Jahrhundert. Er blickte noch auf farbenfrohe Glasfenster, auf Fresken und Gemälde, die alle verschwanden, als die Abtei in einen Schlafsaal für Häftlinge umfunktioniert wurde. Bis 1863 blieb der Berg Gefängnis. Noch heute ist alles grau: steinern der Boden, die Wände und Säulen, die gotischen Bögen. Erhaben, geradezu mystisch ist die Atmosphäre der Klosterbauten hoch über der Bucht.

Das Dorf von Dior

Der kleine Fischerort Granville ist die Heimat von tollkühnen Seefahrern und Frankreichs legendärem Modeschöpfer

»No Dior, no Dietrich!« So verfügte es Marlene Dietrich – wer mit der Diva drehen wollte, musste sie in ihre Lieblingskleider stecken. Auch privat trug sie Dior. Im Film war anderes überhaupt nicht denkbar.

Es sind große Worte und große Namen, deren Wucht nicht recht an das Ende der friedlichen Wohnstraße einer normannischen Kleinstadt passen will. Dort liegt in einem parkähnlichen Garten auf einer Steilklippe die großbürgerliche Villa »Les Rhumbs«. Sie war die erste Adresse eines der bedeutendsten Modeschöpfer des 20. Jahrhunderts: Christian Diors. Der am 21. Januar 1905 geborene Designer, dessen Standing sich wohl am besten an Marlene Dietrichs modischem Imperativ ermessen lässt, verbrachte in der um 1895 erbauten Villa mit Eltern und vier Geschwistern glückliche Kindheitstage. Mit seiner Mutter Madeleine legte er den Rosengarten an, von dem die Nachbarn seinerzeit dachten, er würde im rauen Küstenklima wohl keine Blüte hervorbringen. Sie sollten irren. Zwischen Mauern staut sich im Rosengarten schützende Wärme. Der Wind vom Ärmelkanal tobt sich außerhalb dieses Refugiums aus.

Dennoch sollte die Idylle nicht von Dauer sein. Als Christian Dior fünf Jahre alt war, übersiedelte die Familie nach Paris. Von nun an war der Familiensitz in der Normandie nur mehr Feriendomizil der Diors. 1931 verlor Vater Maurice Dior das Vermögen, das er als Hersteller von Düngemitteln erwirtschaftet hatte; das Anwesen wurde schließlich an die Stadt Granville verkauft. Da war Christian lange schon in Paris heimisch. Zunächst hatte er sich mit finanzieller Unterstützung des Vaters in der Hauptstadt als Galerist versucht. Und das durchaus erfolgreich, verkaufte er doch unter anderem Arbeiten seines Freundes Pablo Picasso. Auch ein Bekannter aus der Normandie, sogar aus Granville, gehörte zu dem Kreis Kreativer, mit denen Dior befreundet war. Zweiter berühmter Sohn der Stadt neben Dior ist nämlich der Kunstsammler Richard Anacréon (1907–1992). Er eröffnete in Paris eine literarische Buchhandlung, wurde ein enger Freund Colettes – die ihre Bücher gerne in seinem Laden vorstellte – und stiftete seiner Heimatstadt später ein Museum für moderne Kunst.

Anfang der dreißiger Jahre trafen die Familie Dior Schicksalsschläge. Mutter Madeleine und ein Bruder starben. Nach der Pleite des Vaters wechselte Christian Dior in die Modeindustrie. Zunächst zeichnete er Entwürfe für diverse Pariser Modehäuser, 1946 gründete er das nach ihm benannte Unternehmen, das bis heute Synonym für französische Eleganz und verführerische Düfte ist.

Gleich seine erste Kollektion, die »Ligne Corolle«, machte Dior zum Star. Wo in den Kriegsjahren

Verzicht geherrscht hatte, präsentierte er nun verschwenderische Fülle: jede Menge teurer Stoffe statt Materialknappheit, üppige Formen statt überschlanker Silhouetten. Bald kleidete er halb Hollywood, darunter Ava Gardner und Grace Kelly, auf der Leinwand und im Leben. Auch die junge Brigitte Bardot zog er an – und die schönsten Frauen des europäischen Hochadels, darunter Elizabeth II. von England und ihre Schwester Margaret Rose, ließen sich gerne in Dior sehen.

Es war ein weiter Weg gewesen vom Fischerdorf Granville zum Gipfel der Modewelt. Die Spuren seiner Kindheit finden sich als farbliche Akzente dennoch in seiner schwelgerischen Couture wieder: Rosa wie die Rosen im Garten von Les Rhumbs, Grau wie der Himmel der Normandie.

1997 erst eröffnete das »Musée de la Mode« in Diors Elternhaus. Die Wechselausstellungen, für die das Haus alljährlich im Sommer dem Publikum geöffnet wird, geben indessen nur wenig Einblick in sein Leben. Keine Informationen über den Menschen Christian Dior, weder Stoffe zum Anfassen noch Düfte zum Schnuppern – das Konzept wirkt deutlich älter als das Museum selbst. Und auch das Personal tritt seltsam leidenschaftslos auf. Die beiden Damen, die an diesem Nachmittag die Besucher begrüßen, haben Mühe, die dürrsten Fakten aus der Biografie des berühmten Bewohners zu benennen. Vielleicht empfinden sie das Interesse der Besucher auch als indiskret. Die Frage nach der sexuellen Orientierung des vor mehr als einem halben Jahrhundert, nämlich 1957, an einem Herzinfarkt verstorbenen Modeschöpfers beantworten sie geradezu indigniert mit dem Hinweis, sein Privatleben interessiere sie nicht.

Was vom ursprünglichen Interieur erhalten ist, das mögen sie immerhin verraten. Es ist wenig genug: das Treppenhaus und ein Gemälde unter der Treppe, das Reiher vor hellem Himmel zeigt, sind geblieben, wie Dior sie kannte. Auch der Garten wurde neu gestaltet, soll dem Original aber nahe sein. In warmem Aprikosenton leuchtet die Fassade des Hauses hinter den hohen alten Bäumen. Möwen schreien, vom Rosengarten aus sieht man die Küste in der Tiefe. Paris scheint einmal mehr sehr viel weiter entfernt, als das geografisch der Fall ist. Ungeachtet der etwas staubigen Präsentation des Modemuseums hat das Anwesen in dem riesigen Garten einen gewissen Zauber bewahrt.

Während die kühnsten und die schöpferischsten Söhne Granvilles seinerzeit die Heimat verließen, um anderswo ihr Glück zu suchen, verläuft der Strom heute in die Gegenrichtung. In der historischen Oberstadt haben Hauptstadtbewohner ihre Ferienwohnungen. Denn Granville ist nicht nur für Hummer und Meeresschnecken, für das Dior-Museum und einen besonders schönen Blick auf die Kanalinseln berühmt. Mit Möwengeschrei, der aus Granitstein von der Insel Chausey erbauten Altstadt und dem letzten Dreimaster, der 1923 für die Fahrten nach Neufundland gebaut wurde, bildet es auch eine Essenz von Geschichte und Flair der Normandie.

Immer schon brachte das auf einem Granitfelsen über dem Ärmelkanal gelegene Städtchen umtriebige Menschen hervor: Von Granville brachen im 16. Jahrhundert die ersten wagemutigen Normannen auf, um vor Neufundland zu fischen. Wie die Kollegen aus Saint-Malô verbrachten die Fischer Granvilles viele Wochen auf Fischzügen an den fernen Gestaden Nordamerikas. Sie begründeten damit auch einen Schiffsbauboom in ihren Heimathäfen, von dem bis heute die Reedervillen über dem Hafen zeugen. 1923 wurde der stolze Dreimaster »Le Marité« als letztes Schiff für die Fahrten der Fischer von Granville nach Neufundland fertiggestellt. Die »Marité« lässt sich heute für Segelturns chartern und ist ansonsten im Hafen zu bewundern.

Die Grand'Porte führt in eine andere Welt: die stille Oberstadt Hauteville, in deren engen Gassen sich historische Häuser drängen, schmal wie Handtücher und voller Charme. Während in der Unterstadt und rund um die Hafenbecken saisonal das Leben tobt, ist es hier oben ruhig: Nur einen kleinen Laden gibt es, in dem Brot und Zeitungen verkauft werden. Jeder kennt jeden, und voll ist es nur, wenn im Juli und August die Pariser anreisen und viele der alten Granitsteinhäuser mit Ferienlärm füllen. »Wenigstens gibt es durch den Leerstand während des größten Teils des Jahres fast immer genug Parkplätze«, erklärt lakonisch Alizée Baulme. Kürzlich erst ist sie aus Saint-Malô hergezogen und dem dörflichen Frieden der kleinen Oberstadt sofort erlegen.

Früher diente der steinerne Glockenturm der auf der höchsten Klippe der Stadt gelegenen Kirche

Notre-Dame de Cap Lihou auch als Leuchtturm. Der ist mittlerweile als eigenständiges Bauwerk am westlichen Ende der Altstadt zu finden. Im Inneren des schönen Kirchleins ist die Nähe zur See auch ohne Meerblick noch sichtbar: In der Seitenkapelle hängen gleich drei Schiffe als Sinnbild der Bitte um ruhige Gewässer.

Heute geht dieser Wunsch in Erfüllung. Als es Abend wird, hat das Meer sich weit zurückgezogen. Die Boote im Hafenbecken sind auf die Seite gesackt und liegen im Schlick. Viele Stunden wird es dauern, bis sie wieder auslaufen können. Fast sieht es aus, als genössen sie die Stille.

Champagner für den Untergang

Der Transatlantikhafen von Cherbourg war einstmals eines der Tore Europas nach Amerika

Es war der schickste Seebahnhof, den man sich vorstellen konnte: Die Züge aus Paris fuhren direkt bis in die Halle des Passagierschiffterminals. Trockenen Fußes gingen die Passagiere vom Eisenbahnabteil durch den Art-déco-Bau bis an Bord der Zubringerboote, die sie zu den großen Schiffen in der Mitte des Hafenbeckens von Cherbourg schaukelten. Liz Taylor und Robert Mitchum gehörten zu den glamourösen Reisenden, die die schnelle Verbindung zwischen Paris und New York gerne nutzten.

Den Gesetzmäßigkeiten der Ironie folgend begann der Stoßverkehr über den Atlantik abzuebben, bald nachdem das neue See-Terminal 1927 eröffnete. Während des Zweiten Weltkriegs sollten nur wenige Schiffe verkehren, der U-Boot-Krieg machte die Ozeanquerung hochriskant. Nach dem Krieg kam auch der schnellste Dampfer nicht mehr gegen die Konkurrenz des sich entwickelnden Luftverkehrs an.

In der restaurierten Zollhalle beginnt die Dauerausstellung über den letzten Halt der »Titanic« auf dem Kontinent. Das im transatlantischen Fährhafen gelegene Meeresmuseum »La Cité de la Mer« besaß schon seit dem Jahr 2002 ein sehenswertes, fast elf

Meter tiefes Aquarium – das tiefste in Europa – und mit der »Le Redoutable« zudem das größte zu besichtigende Atom-U-Boot der Welt. Zum hundertsten Jahrestag der Havarie im April 2012 schenkte es sich in sicherer Erwartung großen Publikumsandrangs auch noch die Titanic-Ausstellung. Die Rechnung ging auf. Die tragische Geschichte übt mit ihrer Mischung aus Glamour, menschlicher Hybris und unvorstellbarem Schrecken eine Faszination aus, der die Zeit anscheinend nichts anhaben kann. Alleine in den ersten beiden Monaten nach der Eröffnung besuchten achtzigtausend Menschen das Museum.

Für Cherbourg, das selbst nur rund fünfzigtausend Einwohner zählt, ein hochwillkommener Impuls. Die Geschichte der an der Nordspitze der Halbinsel Cotentin gelegenen Stadt ist eindrucksvoll: Die erste Kirche auf dem Grund der heutigen Basilique de la Trinité ließ William der Eroberer bauen. Schon bald sollte das Militär die Stadt prägen, die bis zum Ende des 17. Jahrhunderts als Festung angelegt war. England gegenüber gelegen, wurde sie im Hundertjährigen Krieg sechsmal zwischen den Krieg führenden Parteien hin und her gereicht. Ab 1450 blieb sie bei Frankreich. Ludwig XIV. ließ den Militärhafen anlegen, aus dem nach diversen Baumaßnahmen unter anderem durch Napoléon die weiteste Reede der Welt wurde. Der ist, in Stein geschlagen, auch noch da: Auf der Place Napoléon steht sein Denkmal. Auf seinem Pferd sitzend, zeigt der Mann mit Dreispitz nicht etwa, wie man denken könnte, auf die bedrohlichen Wolken am Himmel, sondern auf seinen Militärhafen.

Im Juni 1944 wurde die Schlacht um Cherbourg geschlagen. Drei Wochen dauerte es, bis die deutschen Truppen besiegt und Hafen, Stadt und die ganze Halbinsel von den Alliierten erobert waren. In den letzten Kriegsmonaten war der wiederaufgebaute Hafen der wichtigste Nachschubweg der alliierten Truppen. Heute unterhält die französische Marine im Hafen eine Basis. Aber im Vergleich zur einstigen strategischen Bedeutung der Stadt, die 1992 mit der Nachbargemeinde zu Cherbourg-Octeville verschmolz, ist das nicht viel. »Zum Glück für uns gibt es noch das Arsenal«, sagt eine Stadtführerin und nickt ernst. Dort werden Atom-U-Boote gebaut. Dreitausend Arbeitsplätze bedeute das, ergänzt sie. Doch ist dieser Wirtschaftsfaktor kaum geeignet, Urlauber nach Cherbourg zu locken. Das soll die »Titanic« erledigen.

Der Luxus an Bord dieses Traumschiffs war schon zur Zeit der verhängnisvollen Jungfernfahrt Gegenstand lebhaften öffentlichen Interesses und ist entsprechend ausschweifend dokumentiert. Im Restaurant des Museums können Besucher ein – leicht modifiziertes und um den einen oder anderen Gang gekürztes – Titanic-Menü einnehmen: Einem Salat mit Champagnerdressing folgt dabei Rinderfilet mit Gänseleber; zum Abschluss gibt es Gateau Waldorf mit Kaffeecreme. Denn, so heißt es voller Stolz: An Bord des Luxusliners waren selbstverständlich französische Köche tätig.

Noch vor Tisch gilt es jedoch, sich mit einer der spektakulärsten Havarien des vergangenen Jahrhunderts auseinanderzusetzen. Im Meeresmuseum können die Besucher in der nachgebauten Telegrafenstation das Morsen lernen und sich davon überzeugen, dass die Titanic-Forschung auch mehr als hundert Jahre nach dem Untergang noch immer neue Erkenntnisse gewinnt. Zugleich ist der Untergang der »Titanic« so lebendig aufbereitet, dass man hier auch an einem warmen Sommertag die tödliche Kälte einer Aprilnacht auf dem Nordatlantik zu spüren glaubt.

Bevor die Besucher des Meeresmuseums über eine Treppe in den nachgebauten Rumpf des Schiffes hinabsteigen, wird in der Zollhalle vom Aufbruch erzählt: von der Verzweiflung, die es braucht, um das Vertraute aufzugeben und sich auf die Reise ins Ungewisse zu machen, und von der Hoffnung, die das Abenteuer erträglich macht. Auf großen Leinwänden zeigen Filme Menschen, die ihre Reise in ein neues Leben mit Bündeln, Taschen und Wäschesäcken bepackt im Nahen Osten auf Eseln beginnen, die mit ängstlichen Blicken riesige Schiffe betreten, die im Bauch des Schiffes auf Pritschen liegen und auf das Ende der Reise warten. Im Heizraum schaufeln Arbeiter Kohle, auf den oberen Decks wird getanzt. Das Klassensystem der Alten Welt reiste mit nach New York, Rio de Janeiro und Buenos Aires.

Der ungarische Komponist Béla Bartók und seine Frau gingen 1940 in Cherbourg an Bord des Schiffes, das sie ins New Yorker Exil bringen sollte. Es war ein später, aber typischer Weg der Passagiere dieses Hafens. Eine Million europäische Auswanderer gingen zwischen 1895 und 1930 in Cherbourg an Bord der Ozeandampfer. Damit war der Hafen zwar längst nicht der größte des Emigrationsjahrhunderts, als ab 1820 sechsunddreißig Millionen Menschen Europa verließen: erst Engländer, während der Hungersnot der vierziger Jahre des 19. Jahrhunderts Iren, ab 1880 dann Italiener, Polen und Russen. Für eine relativ kleine Stadt im Norden der Normandie war es dennoch eine gewaltige Zahl an Durchreisenden, die eine regelrechte Industrie entstehen ließ. Für die Passagiere der späten Phase ließ die Schifffahrtsgesellschaft ein Stück außerhalb des Zentrums von Cherbourg sogar ein eigenes Hotel bauen: das »Atlantique«, das zweitausendfünfhundert Gäste beherbergen konnte und heute Sitz der Handelskammer ist. Die Übernachtung in dem Haus, das für viele Reisende Kulisse ihrer ersten Begegnung mit elektrischem Strom und fließendem Wasser wurde, war im Ticket inbegriffen.

Auch auf der »Titanic« reisten neben Amerikanern, die den Winter in Europa verbracht hatten, zahlreiche Emigranten. Von den zweihunderteinundachtzig Passagieren, die in nur eineinhalb Stunden in Cherbourg zustiegen, hatten die meisten jedoch Kabinen in der ersten Klasse gebucht. Um zwanzig vor zehn am Vormittag hatten die Reisenden den Zug »New York Express« in Paris bestiegen, sechs Stunden später erreichte er Cherbourg. Die Passagiere der ersten und der zweiten Klasse wurden um siebzehn Uhr mit der »SS Nomadic« zur »Titanic« gebracht; die der dritten Klasse mit der »SS Traffic«. Hundertdreizehn Amerikaner gingen an Bord, drei Deutsche, sechs Engländer, vierundfünfzig Libanesen sowie dreiundzwanzig Syrer, die in der dritten Klasse reisten, ein Mexikaner und einundzwanzig Franzosen wurden neben anderen hier eingeschifft. Das Museum hat es in dreijähriger Arbeit geschafft, die Passagierliste für die Abreise aus Cherbourg fast vollständig zu rekonstruieren. Auch logistisch war der letzte Stopp der »Titanic« in Kontinentaleuropa wichtig: Denn in Cherbourg wurde auch der Champagner aufgenommen, den die Passagiere der ersten Klasse gerne und in Mengen zu sich nahmen.

Die Ausstellung zeichnet die Wege ganz unterschiedlicher Passagiere nach: Lucy Christiana Sutherland, achtundvierzig Jahre alt, reiste in Kabine A20 und wurde nach der Havarie mit Rettungsboot 1 in Sicherheit gebracht. Dorothy Gibson, eine zweiundzwanzigjährige Schauspielerin aus New York, ging ebenfalls in der Normandie an Bord. Auch sie sollte überleben und drehte nach ihrer sicheren Ankunft in New York unverzüglich einen Stummfilm über den Schiffsuntergang.

Wiewohl die Gästeliste aus Cherbourg einen hohen Anteil an Jetsettern ausweist, gilt ein Schwerpunkt der Ausstellung den Emigranten, die in der dritten Klasse reisten. Die Geschichten dreier Auswanderer hat das Museum in mehrjähriger Arbeit recherchiert. Es lässt sie, verkörpert durch Schauspieler, auf Bildschirmen selbst zu Wort kommen. Die fünfundzwanzigjährige Margaret Murphy erzählt, wie sie heimlich und mit schlechtem Gewissen ihr Elternhaus in Irland verließ, um nach Amerika auszuwandern; wie unglaublich luxuriös der Speisesaal der dritten Klasse war, wo sie zum ersten Mal im Leben eine Orange aß; wie die jungen Auswanderer aus allen Teilen Europas und des Nahen Ostens unter Deck ausgelassene Partys feierten. Und wie es ihr und ihrer Schwester nach der Kollision mit dem Eisberg gelang, Plätze in einem Rettungsboot zu finden. Olaus Abelseth aus Ålesund sprang in letzter Minute vom Oberdeck des sinkenden Schiffes ins eisige Wasser und erreichte schwimmend ein Rettungsboot. Schließlich der Knabe Elias Nicola-Yarred aus dem Libanon. Er wurde noch vor Beginn der Schiffsreise von seinem Vater getrennt, der aus medizinischen Gründen nicht an Bord durfte und seine Kinder alleine vorausschickte. Elias und seine Schwester schafften es an Deck und wurden von einem Mann aus der Menge Verzweifelter gezogen und in ein Rettungsboot gesetzt: John Jacob Astor IV.

Von den Cherbourg-Passagieren sollten hundertvierundfünfzig überleben – mehr als die Hälfte, was sich durch den hohen Anteil an Erster-Klasse-Reisenden erklärt. Zu den Passagieren, die hier an Bord gingen, zählte auch jener schwerreiche Geschäftsmann Colonel John Jacob Astor, der außer seiner achtzehnjährigen schwangeren Frau Madeleine Talmage Force auch Kindern und Frauen den Weg in die Rettungsboote wies, bevor er mit dem Schiff unterging. Dass er im Angesicht des Todes andere zu retten versuchte, ist ein Beispiel für die geradezu übermenschliche Selbstlosigkeit, die nicht wenige Passagiere und Besatzungsmitglieder in den Stunden der Katastrophe bewiesen. Dass das

Unglück nie geschehen wäre, hätten andere Menschen sich von der Vernunft leiten lassen, macht die Geschichte des Untergangs zu einer Tragödie, deren Faszination sich auch nach hundert Jahren nicht verschleißt.

1912 mochte man von diesem brandneuen Schiff wohl annehmen, dass seine Rettungsboote so wie alle künftigen nur mehr schmückenden Charakter besitzen würden. Und ein Kapitän, der nicht glaubte, dass Eis noch eine Gefahr für einen Riesendampfer wie die »Titanic« darstelle, stand mit seiner Annahme nicht alleine da – auch wenn man heute denken mag, es bedürfe keiner besonderen analytischen Fähigkeiten, um die Rechnung aufzumachen, dass viele Risse auf der Gesamtlänge eines Schiffes unweigerlich zu sehr viel Wasser im Inneren führen müssen.

Um zwanzig Uhr zehn legte die »Titanic« in Cherbourg ab und nahm Kurs auf das irische Queenstown, den letzten Hafen, den das Schiff erreichen würde. Im Museum verschwindet auf einer großen Leinwand die Silhouette der normannischen Küste in Echtgröße. Die Besucher stehen vor einer Reling und schauen zu – als stünden sie selbst an Deck. Im Zeitraffer können sie hier die Zeit bis zum Untergang nacherleben. Aus dem Schiff erklingt Tanzmusik. Tag und Nacht wechseln sich ab. Am Himmel erscheinen Sterne, auf dem Wasser bald die ersten Eisschollen. In der Nacht herrscht Stille. Nur das Eis knistert. Irgendwann kommt von Frederick Fleet auf dem Ausguck die Warnung: »Eisberg!« Zweiundvierzig Sekunden später ein langes, lautes

Knirschen. Auf der Leinwand sind Funksprüche zu lesen, die die Funker der »Titanic« mit den Schiffen in der Umgebung austauschen. Um ein Uhr dreißig in der Nacht meldet die »Titanic«, dass sie Passagiere in Rettungsboote lädt. Sieben Minuten später funkt die »Olympic«: »Wir eilen euch zu Hilfe.«

Am dunklen Himmel funkeln Sterne, Wolken ziehen vorbei. Um ein Uhr fünfzig funkt die »Titanic« an die »Carpathia«: »Kommt, so schnell ihr könnt.« Auch die Schiffe in der Nähe verständigten sich untereinander: »Die ›Titanic‹ schweigt seit zwanzig Minuten«, heißt es besorgt um ein Uhr siebenundfünfzig. Um zwei Uhr dreizehn ist ein Krachen, Donnern und Glucksen zu hören, das den Besuchern im Museum einen Schauer nach dem anderen über den Rücken jagt. Zwei Stunden und vierzig Minuten nach der Kollision mit dem Eisberg versinkt die »Titanic« im Nordatlantik. Am Schluss geht ganz schnell, was Jahre brauchte, um sich zur Katastrophe zuzuspitzen. Zwei Jahre zuvor hatte sich der Eisberg, der zu fünfundachtzig Prozent unter Wasser lag, von der Westküste Grönlands gelöst. Er legte fast zehntausend Kilometer zurück, bis die »Titanic« auf ihn traf.

Vom Untergang ist auf der Leinwand nichts zu sehen. Nur Sterne zeigen sich dort, Eisschollen und die Lichter eines anderen Schiffes in der Ferne. Es ist ein gespenstisches Bild. Was sich unterdessen auf der »Titanic« abgespielt hat, ist am Ende der Ausstellung noch einmal in dürre Zahlen gefasst: Siebenhundertundzehn Passagiere überleben die Katastrophe, tausendfünfhundertvierzehn Menschen sind tot. Achtzig Prozent der Männer an Bord kommen um, sechsundzwanzig Prozent der Frauen – eine Folge der konsequent umgesetzten Devise, zuerst Frauen und Kinder in die wenigen Rettungsboote zu setzen.

Fünfundsiebzig Prozent der Opfer hatten die Passage in der dritten Klasse gebucht. Von hundertneun Kindern überlebten nur zweiundfünfzig. Dass nicht mehr Kinder gerettet wurden, lag daran, dass die meisten von ihnen Emigranten waren, die in der dritten Klasse reisten.

Auf der Suche nach vergangenen Sommern

Im Grand Hôtel in Cabourg schrieb Marcel Proust den berühmtesten Roman der französischen Literaturgeschichte

Ein brandneues Hotel am Meer, ausgestattet mit modernstem Komfort – sogar Strom gab es dort, private Bäder für die Gäste und Zentralheizung. Marcel Proust (1871–1922) ließ den *Figaro* vom 10. Juni 1907 sinken. Zentralheizung – damit konnte kaum ein anderes Hotel in Frankreich aufwarten. Er war interessiert. Aufenthalte am Meer, insbesondere im schicken normannischen Seebad Trouville, gehörten zu Prousts Leben, seit er im Alter von elf Jahren Asthma entwickelt hatte. Mit seiner Mutter, die 1905 starb, war er sogar schon in Cabourg gewesen. Doch der Luxus, den dieses neue Grand Hôtel versprach, war selbst für Pariser Verhältnisse unerhört.

Unverzüglich reiste Proust ab. Er befand sich in Begleitung eines Dieners und hatte ein angefangenes Manuskript im Gepäck, das noch kaum mehr als eine Skizze war. Es war der Keim seines literarischen Großprojekts, dem er die nächsten Jahre widmen sollte. Als Sohn vermögender Eltern war er auf die zeitraubenden Mühen des Broterwerbs nicht angewiesen. Proust nahm im vierten Stock des nagelneuen Hotels in Cabourg drei Zimmer. Im mittleren schlief er, die beiden anderen bildeten eine Schutzzone. Ganz sicher wollte er sein, dass er seine Ruhe haben würde – ohne dass ihm plappernde Zimmernachbarn vor der Tür auflauerten oder schlagende Türen seine Konzentration störten.

Schnell entwickelte er eine angenehme Routine. Weil er die Sonne verabscheute, verließ er selten vor dem Abend seine Zimmer. Im Restaurant saß er stets am selben Tisch, nahm einen Fisch zu sich, trank einen Kaffee und ging dann ins benachbarte Casino – dazu musste man seinerzeit nicht einmal das Haus verlassen, da diese beiden Mittelpunkte des örtlichen gesellschaftlichen Lebens miteinander verbunden waren.

Proust traf Freunde und beobachtete Aristokraten in der Sommerfrische. Sobald er nach Mitternacht ins Zimmer zurückkehrte, schrieb er alles auf – angereichert durch den neuesten Klatsch aus der Hauptstadt, den er Briefen seiner Freunde aus Paris entnahm. Bis 1914 kam Proust jedes Jahr wieder, spielte (in den Abendstunden) gelegentlich Tennis und vollendete schließlich sein siebenbändiges Werk: »Auf der Suche nach der verlorenen Zeit«. Vom vertauschten Koffer, der in die Bretagne statt in die Normandie reiste, bis zum Problem steigender Hotelpreise machte er während seiner Sommer in Cabourg zudem ganz ähnliche Erfahrungen wie Reisende heute.

Der Schauplatz des Bandes »Im Schatten junger Mädchenblüte« aus Prousts epochalem Werk ist »Balbec« – die literarische Entsprechung Cabourgs und heute auch der Name eines Literaturfestivals, das in ungeraden Jahren hier und im nahe gelegenen, von Proust ebenfalls geschätzten Seebad Trouville stattfindet. Überhaupt unternahm er gelegentlich gerne einen Ausflug, wobei er die Dörfer und Städte der Normandie stets mit den Augen des Schriftstellers sah. So formte er die Kirche Balbecs nach der Kathedrale von Bayeux.

Der Identifikation Cabourgs mit Balbec tun derlei Details keinen Abbruch. Mit so großer Leidenschaft gedenken die Einwohner Cabourgs ihres berühmtesten Gastes, dass sie anlässlich der sommerlichen Festivitäten sogar die Ortsschilder verhüllen und durch solche mit dem Schriftzug »Balbec« ersetzen. Damit die Zeit zwischen zwei Festivals nicht zu lang wird, lädt die Marcel-Proust-Gesellschaft im Sommer wöchentlich zu Vorträgen rund um ihren Lieblingsliteraten ein. Im September 2012 fanden außerdem zum ersten Mal die »Journées Musicales de Marcel Proust« statt, eine Reihe von Konzerten und Vorträgen. Schauplatz ist – wie könnte es anders sein – das Grand Hôtel.

Großzügig sieht man in Cabourg darüber hinweg, dass der Besuch des Dichters auch eine Wunde hinterlassen hat. »Wir wissen nicht, warum er nach 1914 nicht mehr zurückgekommen ist, obwohl er es doch vorhatte«, seufzt Jean-Paul Henriet, Bürgermeister der Stadt und ein großer Verehrer des Literaten. Jeden Tag lese er in Prousts Werk, mit besonderem Vergnügen in seinen Briefen. »Ich habe Proust gelesen, als ich jung war, und hatte große Probleme damit«, erinnert er sich. Als der Beruf ihn von Paris nach Cabourg führte, wagte er sich neuerlich an die »Suche nach der verlorenen Zeit«. Diesmal war er sofort gebannt. Heute ist er Proust-Kenner und Sammler seltener Ausgaben seiner Werke.

Als Proust das neue Grand Hôtel zum ersten Mal besuchte, war Cabourg als Seebad bereits seit Längerem beliebt. Schon seit 1855 fuhr die Bahn von Paris bis hierher. Grund für deren Ausbau war vor allem das im Jahr davor errichtete Casino gewesen, damals ein hölzerner Bau; aber auch das Kurwesen, das an der Kanalküste entstand. Mit sieben Stunden Fahrzeit von Paris waren die neuen Badeorte kein Ziel für einen Wochenendausflug. Die mondänen Gäste aus Paris blieben daher gleich mehrere Wochen. Der Strand war in Abschnitte für Männer, Frauen und Fischer geteilt, in den Dünen hüpften Hasen, mit denen die Dorfbewohner regelmäßig ihre Sonntagstafeln schmückten. 1861 entstand das erste Grand Hôtel, das 1906 zugunsten eines moderneren Nachfolgerbaus im Belle-Époque-Stil abgerissen wurde. 1907 wurde auch das Casino durch den heutigen Bau ersetzt. 1886 schon waren die ersten schicken Villen der Dauergäste entstanden; bald waren es zweihundert mit Türmen und Giebeln verzierte Häuser. Nach dem Ersten Weltkrieg wurde Cabourg so beliebt, dass das Grand Hôtel allein die vielen Gäste aus Paris nicht mehr aufnehmen konnte. Es bekam Konkurrenz von anderen Herbergen – allerdings keine ernst zu nehmende, wie man im Haus noch heute versichert.

Die Gäste aus Paris brachten indessen außer Geld gelegentlich auch Probleme. Vor allem, wenn ihre Hauptstadt-Spleens mit den moralischen Standards der Küstengemeinde kollidierten. Vor dem Zweiten Weltkrieg sah man sich genötigt, kurzhaarigen Frauen den Zutritt zum Casino zu verwehren. Die wussten sich jedoch zu helfen: Am Nachmittag saßen die Damen beim Friseur, um sich Perücken für den Abend anpassen zu lassen. Morgens flanierten sie wieder mit kurzen Bobs durch den Ort und ernteten verständnislose Blicke von normannischen Hausfrauen, die ihre langen Haare hochgesteckt trugen wie normale Menschen. Es war eine andere Zeit, Paris und Provinz in vielem noch Lichtjahre voneinander entfernt.

Seit jenen frühen Tagen hat sich auch in der Normandie vieles verändert. Aber nicht so viel, dass Prousts Sommeridylle unter der Wucht der Zeit begraben worden wäre. Zwar ist heute auch kurzhaarigen Frauen der Zutritt ins Casino gestattet. Doch das mit viertausend Einwohnern noch immer kleine Städtchen bietet mit Boutiquen, in denen ortstypische Urlaubsmode mit weißen und dunkelblauen Streifen verkauft wird, mit hübschen Restaurants und Blumenrabatten auch heute das Bild einer äußerst gepflegten Ferienidylle. Und noch immer ist es angelegt wie ein Amphitheater, in dem alle Wege auf das Herz des Geschehens zulaufen: Casino und Grand Hôtel.

Prousts Lieblingshotel selbst wurde 2011 komplett renoviert und kann sich seither wieder ähnlichen Glanzes rühmen wie das Haus, das den Schriftsteller seinerzeit durch seinen Komfort beeindruckt hatte. Die Aussicht ist unverändert. Gleich vor dem

Haus verläuft die zwei Kilometer lange Promenade, die heute nach Marcel Proust benannt ist. Bei Ebbe vergrößert sich der Strand dahinter aufgrund der extremen Gezeitenunterschiede ins annähernd Unendliche. Das Meer ist dann kaum mehr zu erkennen.

Das Zimmer, in dem einer der bedeutendsten Autoren der französischen Literaturgeschichte sieben Sommer lang schrieb und schlief, ist als Nummer 414 des Grand Hôtel bis heute buchbar und in der Nebensaison mit einem Preis ab zweihundertfünfundfünfzig Euro sogar einigermaßen bezahlbar. Das Bett stammt zwar aus dem frühen 20. Jahrhundert, jedoch nicht aus dem ursprünglichen Zimmer und ist somit auch nicht die Schlafstätte des Schriftstellers. Dennoch lässt sich hier auf den Spuren des Dichters schlafen. Das Bett ist nämlich fest verschraubt, sodass der Gast wie ehedem Proust das sich im Glas des Schranks spiegelnde Meer sehen kann. Der kleine Schreibtisch ist ebenfalls ein Stück aus der Epoche, wenn auch nicht jener, an dem Proust um Worte rang. Im Bücherschrank stehen die Werke unsterblicher französischer Schriftsteller: Stendhal, Honoré de Balzac und – Marcel Proust.

Kaminfeuer und Stallgeruch

Nicht unter jedem Apfelbaum der Normandie weidet eine Kuh

Der Boden scheint zu erzittern, so schwer trommeln die Hufe der beiden Percherons. Da möchte man nicht drunter geraten, aber auch nicht unbedingt eine Etage höher balancieren, so wie es Monsieur Dinard Junior gerade ohne erkennbare Zeichen des Schreckens vormacht: Mit den Füßen steht er auf den breiten Rücken der Kaltblutpferde, mit den Händen an verwirrend vielen Zügeln hält er sie auf Kurs, in den Knien federnd gleicht er ihren zügigen Trab aus.

Rund fünfundzwanzigtausend Besucher schauen sich jedes Jahr die Show des Hofs »La Ferme du Cheval de Trait« in Juvigny-sous-Andaine in der Unteren Normandie an. Jean Dinard erwarb La Michaudière 1984. Nachdem er das Anwesen saniert hatte, dessen Gebäude sich nach vierzig Jahren Leerstand zum Teil in desolatem Zustand befanden, öffnete er es fünf Jahre darauf dem Publikum. Dreißig Percheron- und normannische sowie bretonische Cob-Pferde sind die Hauptakteure der Show. Zur »Ungarischen Post« tanzen die Schwergewichter, der Triumphmarsch aus »Aida« untermalt das Erscheinen einer Kutsche, vor der sieben normannische Kaltblüter herjagen. Jedes von ihnen wiegt zwischen achthundert und tausend Kilogramm. Im gestreckten Galopp lassen sie vermutlich noch das Porzellan in den Schränken des Haupthauses beben.

Die Art und Weise, wie die Dinards ihren Tieren zu regelmäßiger Bewegung verhelfen, ist zwar auch in der pferdeverrückten Normandie, dem Hauptzuchtgebiet Frankreichs, nicht alltäglich; ihre Leidenschaft für die Pferde hingegen durchaus normal. Denn wer beim Gedanken an die Region nur an Gaumenfreuden von Austern bis Camembert denkt, die Kreideklippen von Étretat, Badeorte wie Deauville und Trouville oder die Fachwerk-Innenstadt Rouens vor sich sieht, liegt damit zwar richtig, aber er übersieht eine große Liebe der Normannen: Hier wettet jeder beim Pferderennen, und unter den Apfelbäumen grasen mancherorts mehr Pferde als Kühe.

Höhepunkt im Jahreskalender der Pferdebesessenen ist das Rennen um den Grand Prix de Deauville, das alljährlich im August stattfindet (wiewohl auch der seit 1988 in Deauville ausgetragene Lancel Polo Cup ein Publikumsmagnet ist). Seit 1866 trifft man sich hier – mit Ausnahme der Kriegsjahre – zu dem Wettbewerb, der ursprünglich Coupe de Deauville hieß, aber schon 1871 in den Großen Preis von Deauville umbenannt wurde. Heute trägt er zusätzlich den Namen des Großinvestors Lucien Barrière (1923–1990), dessen Unternehmen neben vielen anderen auch ein Grand Hôtel und das Casino in Deauville betreibt und das Rennen sponsert.

Während auf der Bahn dreijährige und ältere Vollblüter rennen und den Zockern auf der Tribüne den Schweiß auf die Stirn treiben, zelebrieren die meisten Zuschauer ein gesellschaftliches Ereignis, das, was die Opulenz der ausgeführten Hüte sowie die Anwesenheit von Geldadel und Aristokratie betrifft, mit dem Meeting im englischen Ascot durchaus mithalten kann. Anderntags werden bei der Yearlings-Auktion in der Salle Elie-de-Brignac einige der wertvollsten Nachwuchsrennpferde der Welt versteigert. Diese Pferde sind eher Kapitalanlagen als Haustiere. Viele von ihnen erzielen Preise, die denen der Luxusautos ihrer neuen Besitzer nahekommen. Interessenten aus der ganzen Welt reisen an und bieten in Euro, Dollar oder Pfund für die jungen Pferde, von denen viele Gestüten der Normandie entstammen.

Auch die gutmütigen Schwergewichter aus der Grafschaft Perche werden in Frankreich heiß geliebt. Das Nationalgestüt Le Haras national du Pin im Département Orne, dem am dünnsten besiedelten Gebiet der Normandie, hat sich ihre Förderung zum Ziel gemacht. Denn der Bestand der Rasse, die früher ihrer Kraft wegen vor allem in der Landwirtschaft eingesetzt wurde, war zeitweise dramatisch gesunken. Ihre Geduld und Geschicklichkeit machen die Pferde aber auch zu idealen Reittieren. Und das womöglich schon seit langer Zeit: Wissenschaftler halten es für möglich, dass sie Nachfahren der Pferde normannischer Ritter sind. Äußerst ansehnlich sind sie außerdem. Wenn sich der Vergnügungspark Eurodisney in Paris der schönsten Percherons Europas rühmt, verweisen die Pferdepfleger von Haras du Pin stolz darauf, dass die prachtvollen Tiere in ihren Ställen geboren wurden.

Haras du Pin ist, ebenso wie das Schwestergestüt Haras de Saint Lô, selbst eine Klasse für sich: Zwölfhundert Hektar misst das Gestüt, zehn Pferderassen werden hier gezüchtet. Die Anlage mit den großen Stallungen, in denen die Zuchthengste untergebracht sind, mit der Remise für die historischen Kutschen, der alten Schmiede und der Sattlerei steht unter Denkmalschutz. In dem Nobelgestüt gelingt auch der in der Normandie nicht ungewöhnliche Brückenschlag zwischen Reitsport und Kulturgenuss besonders eindrucksvoll: bei Opern und Konzerten in der alten Reithalle. Nach »Carmen« in voller Länge und bei deutlich wahrnehmbarem Pferdeduft erwartet die Besucher im Freien als Zugabe eine Show von Kutschern, die komplizierte Gespanne unterm Sternenhimmel zu den Klängen von Wiener Walzer um den weiten Innenhof des Gestüts jagen. Dessen prunkvolle Architektur erinnert nicht ohne Grund ein wenig an Versailles. Immerhin war es Ludwig XIV., der den 1715 begonnenen und fünf Jahre später fertiggestellten Bau in Auftrag gegeben hat. Warum hier? Weil das fette Gras normannischer Weiden als das saftigste und gesündeste im Land galt. Und weil für die Gäule das Beste gerade gut genug ist, sehen viele Gestüte und Reitställe in der Normandie auch so aus wie anderswo die Herrensitze.

Die gibt es allerdings auch, und zwar sehr zahlreich: Sechsundsiebzig Schlösser, ungezählte Herrenhäuser und rund neunzig Parks und Gärten sollen es sein. Wer Kultur und Pferdesport in normannischer Weise miteinander verbinden will, erkundet das Hinterland bei einer Reitwanderung von Schloss zu Schloss. Wer das Glück der Erde eher hinter dem Steuer eines wetterfesten Fahrzeugs vermutet, findet neben Reitwegen durch Wiesen und Wälder freilich auch ein Straßennetz vor.

Kaum ein Hügel kommt in der malerischen grünen Wiesen- und Heckenlandschaft ohne ein mit Türmen verziertes Schlösschen, ein Herrenhaus aus weißem Kalkstein oder eines aus grauem Granit aus. Ein bisschen englisch sieht das alles aus, und die britische Insel liegt ja auch in naher Nachbarschaft. Die historischen Beziehungen zwischen den beiden Küsten sind von jener Enge, die Hasslieben begünstigt und die die Engländer bis heute als zahlenstärkste Besuchergruppe ans gegenüberliegende Ufer zieht. Schließlich brach William der Eroberer im Jahr 1066 von hier auf, um sich die Insel untertan zu machen – der Stoff, aus dem englische Albträume sind. Auch wenn die Liebe zum Reitsport irgendwie verbindet.

Den Besuchern aus England fordert auch das milde, etwas launische Klima keine große Umstellung ab. In der Normandie gibt es bekanntlich mehrmals täglich schönes Wetter, versichern Einheimische stolz. Fast wie gegenüber eben. Für die Zeiten zwischen den Sonnenfenstern, wenn der Wind schon mal Regenschauer und schwarze Wolken über die grüne Gartenlandschaft jagt, empfehlen sie zur inneren Erbauung ein Schlückchen *calvados*, der dem Magen Wohlbefinden und dem Geist Feuer schenken soll. So lassen sich ideale Bedingungen für ausgedehnte Streifzüge durch die normannische Schlösserlandschaft herstellen.

Viele Schlösser und Herrenhäuser der Region öffnen zumindest ihre Gärten und Parkanlagen für Besucher. In einigen *châteaux*, die als Hotels geführt werden, lässt sich sogar stilvoll nächtigen. Viele Häuser sind noch in privater Hand; so etwa das Château d'O in Mortrée, das nichts mit der gleichnamigen Marquise zu tun hat, aber englischen Royals Quartier bietet, wenn die hier – natürlich – auf der Suche nach irgendwelchen Pferden sind. Vom 15. bis zu Beginn des 16. Jahrhunderts erhielt das von einem breiten Graben umgebene spätgotische Schloss sein Gesicht, das keinem anderen in Frankreich gleicht. Mit seinen zierlichen Türmchen sieht dieses Wasserschloss tatsächlich aus wie ein Bild aus dem Märchenbuch. Zwölf Gemächer des Château d'O werden im Sommer gelegentlich fürs Publikum geöffnet. Die Atmosphäre gewinnt ihren Reiz durch die Lebendigkeit eines bewohnten Hauses. Wenn die Hausherren viel Besuch haben, werden Gäste schon mal im alten Prunkschlafzimmer untergebracht, das zu den Räumlichkeiten gehört, die besichtigt werden können. So ist es dann auch schon zu einer ungeplanten Konfrontation von Touristen und ruhenden Hausgästen gekommen, als man vergessen hatte, den Führer von der Einquartierung zu unterrichten.

Das Château d'Acquigny, seit 1656 im Besitz der Familie d'Esneval, hat seine Wurzeln im 14. Jahrhundert. Zwar ist der Öffentlichkeit heute nur der Park des Schlosses zugänglich. Doch er bietet den beeindruckenden Anblick bis zu vierzig Meter hoher, jahrhundertealter Bäume. Über fünfhundert Pflanzenarten wachsen hier, und der älteste künstliche Wasserfall Frankreichs rauscht in einem Wäldchen. Wie es in den Gärten des Renaissanceschlösschens überhaupt überall murmelt und plätschert: ein Bach; ein gewundenes Flüsschen; Kaskaden von Wasser, die sich in einen See ergießen. Die Normannen, seit jeher ein Volk von Seefahrern und Entdeckern, brachten von ihren Fahrten neben der Liebe zum Wasser auch Pflanzen aus der ganzen Welt mit nach Hause. Dank des milden Seeklimas schlugen sie schnell Wurzeln. Vor dem Haus der d'Esnevals riecht es nach Kaminfeuer, allgegenwärtiger Duft in der herbstlichen Normandie. Durchs offene Fenster blickt man in die erhaltenen Prunkzimmer im Parterre.

Das Schloss, wie es heute aussieht, ließ 1557 Madame Anne de Laval erbauen, eine Cousine des französischen Königs Heinrich II. und Hofdame von Catharina de' Medici (1519–1589). Ihr Mann Louis Sissy war verstorben, als sie ihr neues Heim zum Denkmal ihrer unsterblichen Liebe machen wollte. Die ineinander verschlungenen Initialen der beiden sind noch heute am und im Schloss zu finden. Rund hundert Jahre später kauften Vorfahren der d'Esnevals das Haus. Der neue Besitzer, Präsident des normannischen Parlaments in Rouen, ließ sofort die bereits geräumigen Stallungen weiter ausbauen. Offiziell, weil er dreimal in der Woche nach Rouen fahren musste und dafür ständig gut ausgeruhte Pferde brauchte. Ein weiterer Grund war aber vermutlich, dass er völlig pferdeverrückt war.

Paris geht baden

Deauville und Trouville sind Traditionsseebäder, sommerliche Spielplätze und Jagdgründe des eleganten Hauptstadtbewohners

Marilyn Monroe säuselt vom Band in die Bar. Dort sitzt eine gereifte Dame unterm Kronleuchter und nippt an ihrer Tasse Tee. Mit dem Windhund zu Füßen, dem rosa Kaschmir-Rolli und dem cremefarbenen Hosenanzug fügt sie sich ins Interieur, als wäre es um sie herum gebaut. Doch angesichts der Tatsache, dass das Grand Hôtel Normandie Barrière in Deauville 2012 seinen hundertsten Geburtstag feierte, ist dies eher unwahrscheinlich.

Wahr ist hingegen, dass das Städtchen für das Geschäft mit den Besuchern eigens angelegt wurde. Ein Halbbruder Napoléons III., der Herzog Charles de Morny, besuchte den Sprengel im Jahr 1858. Dosville hieß das Dorf seinerzeit schlicht; seine Einwohnerzahl war noch zweistellig, hinzu kamen diverse Schafe und Kühe. Mit einigem Weitblick erkannte der Herzog, dass aus einem derartig breiten Strand doch etwas zu machen sein müsse. Zunächst wurde das sumpfige Land trockengelegt, dann rasch ein symmetrisches Straßennetz entworfen. Eine Eisenbahnstrecke wurde verlegt, ein Bahnhof erbaut. Die Ursprünge des alten Bauerndorfs versanken unter neonormannischem Fachwerk, das heute selbst schon wieder historischen Wert und ästhetischen Reiz besitzt. Vier Jahre nach des Grafen erstem Besuch nahm Deauville sein neues Leben als Treffpunkt der vornehmen Gesellschaft aus der Hauptstadt auf: Ein »Königreich der Eleganz«, wie Morny es sich vorgestellt hatte, wurde es tatsächlich. Zumal der Herzog immer noch nicht Ruhe gab und 1866 auf einem trockengelegten Stück Marschland ein Pferderennen ins Leben rief, den Vorläufer des berühmten Grand Prix de Deauville. Kein Wunder, dass eine Sportzeitung das Städtchen als »Mornyville« titulierte – was sich aber nicht durchsetzte.

In diesen frühen Tagen war Tourismus automatisch elitär. Erst ab Mitte der dreißiger Jahre erhielten Arbeiter und Angestellte in Frankreich bezahlten Urlaub. Ohne Not dem Arbeitsplatz fernzubleiben, dazu noch eine Menge Geld für den Tapetenwechsel auszugeben, das war lange etwa so erstrebenswert wie Kopfläuse oder ein offener Beinbruch. Und so blieb die *haute volée* auch in der Sommerfrische unter sich, genau wie daheim in Paris. Die Destination war schon deshalb *très chique,* weil man da war. Da fiel es kaum ins Gewicht, dass die Anreise zu dem schönen Stückchen Küste fast so lang dauerte wie heute ein träge vertrödeltes Wochenende zwischen Strandkorb und Casino. Dabeisein ist alles. So funktioniert der Tourismus hier seit mehr als hundertfünfzig Jahren – heute, weil die Hauptstadt nur mehr zwei Autostunden entfernt liegt, damals, weil man es sich leisten konnte, gleich für mehrere Wochen in die Ferien zu entschwinden.

Hundertfünfzig Jahre haben eine Gemeinde entstehen lassen: Viertausend Menschen leben hier im Winter – ein veritables Dorf, nichts gegen die vierzigtausend, die hier an Sommerwochenenden in den schicken Boutiquen shoppen, in Meeresfrüchten schwelgen, das eine oder andere Gläschen Champagner schlürfen. Glamourös geht es zu, es gibt einen Jachthafen, zwei Fünf-Sterne-Hotels, mehrere Golfplätze und natürlich die berühmte Pferderennbahn.

Elegante Architektur, ein gediegenes Preisniveau und der tausendvierhundert Meter lange Strand, den kein Steinchen verunziert, sind Deauvilles Trümpfe geblieben. Das auf dem Reißbrett entworfene Städtchen hat es fertiggebracht, nie aus der Mode zu kommen. Angesichts der eher milden Sommer der Kanalküste und der Konkurrenz sonnenverwöhnter Regionen nicht nur im Süden Frankreichs, sondern in vielen anderen Ländern der Erde, die durch den Massentourismus schnell und relativ preiswert erreichbar geworden sind, ist das ein erstaunliches Kunststück.

Coco Chanel eröffnete ihr erstes Geschäft außerhalb der Hauptstadt in Deauville. Die exklusive Boutique existiert noch immer. Zum Festival für den Amerikanischen Film, dem zweitwichtigsten in Frankreich nach Cannes, kommen die Stars in Scharen aus dem fernen Hollywood angereist. Und auch das Standesbewusstsein hat man ins 21. Jahrhundert gerettet. Der Campingplatz wurde dezent drei Kilometer vom Zentrum am Ortseingang angesiedelt, ziemlich genau zwischen Deauville und Trouville – als wollte sich keines der beiden Bäder so recht zu dieser Einrichtung bekennen. »Deauville« darf der Platz dennoch im Namen führen, und dass er ein beheiztes Schwimmbad besitzt, muss in dieser Nachbarschaft als selbstverständlich gelten.

Die 1923 angelegten *planches*, sechshundertdreiundfünfzig Planken aus besonders widerstandsfähigem Bongossi-Holz, führen zu den Umkleidekabinen am Strand, die die Namen der Hollywood-Legenden zieren: Bette Davis, Douglas Fairbanks Jr., Rita Hayworth, Janet Leigh, Debbie Reynolds, Grace Kelly, Rock Hudson, Elizabeth Taylor, Shirley MacLaine, Jack Nicholson, Richard Chamberlain, Lee Marvin, Farrah Fawcett und Timothy Dalton – sie alle und noch viele mehr adelten das elegante Kleinstädtchen mit ihrem Besuch und ließen bei geeigneter Witterung am Strand die Hüllen fallen.

Ein Stückchen weiter reihen sich mondäne Strandcafés aneinander, auf deren Sesseln ebenfalls schon viele prominente Darsteller Platz genommen haben. Hier sehen auch die Kellner aus wie Filmstars. Wendet man sich wieder der Strandstraße und dem Casino zu, werben dort schöne alte Litfaßsäulen für brandneue Kinofilme. Deauville macht es seinen Gästen leicht zu glauben, dies sei wirklich eine Außenstelle Hollywoods, eine Art Malibu in der Normandie.

Dabei war dies in den frühen Tagen auch ein Treffpunkt bildender Künstler. Zu den frühen Fans Deauvilles zählte Eugène Boudin (1824–1898), einer der ersten Freiluftmaler, der sich hier in seiner Begeisterung für das Seebad gleich ein Haus erbauen ließ: La Breloque, eine bis heute erhaltene, aber der Öffentlichkeit nicht zugängliche Villa, die Boudin den Rest seines Lebens bewohnte. Boudin war an den Ufern des Ärmelkanals aufgewachsen: In Honfleur geboren, arbeitete er im Kindesalter als Schiffsjunge auf einer Fähre zwischen Honfleur und Le Havre. Später studierte er in Paris und unternahm ausgedehnte Reisen. Doch er trennte sich nie lange von der Normandie. Wiewohl er seine letzte Ruhestätte in Paris fand, bewahren das Musée Malraux in Le Havre und das Musée Eugène Boudin in Honfleur den Großteil seiner Werke.

Eigentlich war das alte Fischerdorf Étretat seinerzeit der erklärte Lieblingsort vieler Maler. Claude Monet stellte im Schatten der dramatischen Kreideklippen seine Staffelei auf, ebenso die Kollegen Eugène Delacroix und Georges Seurat. Obwohl die Motivlage in Deauville deutlich weniger spektakulär war, wirkte der Magnetismus der Mode aber auch auf die Künstler. Deauville war neu und spannend, man wollte nichts verpassen. Also schaute man sich auch hier einmal um. Aber erst zu Beginn des 20. Jahrhunderts entschied sich der Geldadel endgültig für Deauville; in Étretat wurde fortan wieder mehr gefischt (und gemalt) als gebadet.

Natürlich gehörten und gehören auch adrenalingeladene Stunden am Spieltisch zu den Freuden eines Aufenthalts in Deauville. Die Schriftstellerin Françoise Sagan, die noch als Teenager mit dem Roman »Bonjour Tristesse« einen Riesenerfolg gelandet hatte, gewann an einem Roulettetisch in Deauville am 8. August des Jahres 1958 mit der Zahl Acht achtzigtausend Francs. Das Geld trug sie nicht weit, sondern kaufte sich gleich anderntags davon – nein, nicht acht Häuser, aber immerhin eines in abgeschiedener Lage in Équemauville, nur ein paar Kilometer von Honfleur.

Im älteren, kaum weniger gediegenen, aber urwüchsigeren und auch etwas ruhigeren Trouville fühlt sich seit jeher auch unkonventionelle Prominenz heimisch. Schon seit dem 17. Jahrhundert besitzt der hübsche kleine Ort, der bereits im Mittelalter die Heimat von Fischern war, einen öffentlichen Strand. Besonders gut besucht war der in jenen frühen Tagen vermutlich nicht; ein Badebetrieb, der den Namen verdient, kam erst zweihundert Jahre später auf. Noch zu Beginn des 19. Jahrhunderts war Trouville ein bescheidenes Fischerdorf, dessen Einwohner nebenbei fünf Austernbänke bewirtschafteten. Dass das Leben leichter sein könnte, ahnte man allerdings auch in Trouville. Schon 1812 wurde deshalb das Glücksspiel legalisiert – als Köder für spielwütige Touristen aus Paris.

Wie in Deauville sind Sandstrand und Casino bis heute hier die beiden Pole sommerlicher Vergnügungen. Tatsächlich schaffte es der kleine Fischerort schon mit Eröffnung des ersten Casinos »Le Salon des Bains« 1838 ins Weltbild der Sommergäste aus Paris. Das heutige Casino entstand 1912; entworfen wurde es unter Beteiligung von Gustave Eiffel.

Ein Künstler aus Paris hatte schon vorher den Weg nach Trouville gefunden: Charles Mozin (1806–1862), der hier Szenen aus dem Alltag des Fischerdorfs malte und sich so wie viele Maler nach ihm um den schnell wachsenden Ruhm der Küste verdient machte. Mit neunzehn Jahren kam er zum ersten Mal hierher. Es gefiel ihm so gut, dass er Kollegen aus der Hauptstadt herlockte und schließlich für immer blieb.

1867 wurde die Promenade angelegt; neunhundertfünfundzwanzig Meter misst sie. Die historische Fischhalle aus dem Jahr 1937 – die dritte an dieser Stelle – fiel im Jahr 2006 einem Brand zum Opfer, doch wurde sie originalgetreu wieder aufgebaut. Zwischen Fischerhafen und Strand sind weniger exklusive Boutiquen als im Nachbarort zu finden. Was man für den Strandurlaub braucht, gibt es im Kaufhaus Monoprix am Hafen: Espadrilles, Badeanzug, Pareo, ein Strandkleid mit maritimen Streifen.

Ohnehin laufen auch die illustren Gäste in Trouville eher hemdsärmelig umher. Man sieht sie an den Ständen der Fischhalle am Hafen Fisch und Meeresfrüchte fürs Abendessen einkaufen. Gérard Depardieu, der eine schöne alte Villa ein Stück außerhalb des Zentrums besitzt, lehnt gelegentlich an der Theke einer Bar. Trouville mischt die Leichtigkeit des Sommers mit der Schwerkraft gelebten Lebens. Und so wird vor dieser schönen Kulisse aus einer Laune schon mal eine unauflösliche Bindung und aus einem Sommerflirt eine Liebe fürs Leben.

Marguerite Duras (1914–1996), die Autorin des Welterfolgs »Der Liebhaber«, erkor sich das Städtchen mit dem schönen Fischerhafen nach begeisternden Besuchen zur Heimat. Duras kaufte sich 1963 das Appartement 105 des ehemaligen Grand

Hôtel »Les Roches Noires«, das vier Jahre zuvor zu einem feudalen Wohnhaus umgestaltet worden war. Ein Gemälde Claude Monets zeigt das Hotel fünf Jahre nach seiner Eröffnung 1865; allerdings ist das Bild nicht in der Normandie zu sehen, sondern es hängt im Musée d'Orsay in Paris.

Marguerite Duras gefiel die Nähe ihrer neuen Wohnung zum Meer, und so wurde aus gelegentlichen Ausflügen aus Paris bald eine Dauerlösung. Sie sollte den Rest ihres Lebens in Trouville verbringen. Nach Jahren zurückgezogener Arbeit nahm das Leben der Autorin eine überraschende Wende, als sie in Caen einen jungen Studenten kennenlernte. Der vierundvierzig Jahre jüngere Yann Andréa wurde ihr Lebensgefährte, mit dem die Sechsundsechzigjährige auch im an die Extravaganzen prominenter Badegäste gewöhnten Trouville für einiges Aufsehen sorgte. Nicht nur wegen des Altersunterschieds, sondern weil das nur scheinbar ungleiche Paar unter anderem ein allzu ausgeprägter und oftmals öffentlich ausgelebter Hang zum Alkohol verband.

Schon der blutjunge Gustave Flaubert war hier den Reizen einer älteren Frau erlegen. Als Fünfzehnjähriger verbrachte er 1836 seine Sommerferien in Trouville, wo er sich in die elf Jahre ältere Élisa Schlesinger verliebte. Viele Jahre blieb sie für Flaubert eine ebenso große wie unglückliche Liebe und inspirierte ihn zu den »Erinnerungen eines Verrückten«. Außerdem sollte ihm die Urlaubsbekanntschaft dauerhaften Aufenthalt in Trouville bescheren: Eine Statue des Schriftstellers erinnert an seine Romanze und ihre Folgen für die Weltliteratur.

Auch Marguerite Duras setzte Trouville ein literarisches Denkmal. In den »Damen der Roches Noires« notierte sie ihre Beobachtungen über ihre Nachbarinnen im einstigen Grand Hôtel. Obwohl ihre Gesundheit im Alter angeschlagen und ihre Beweglichkeit eingeschränkt war, spazierte sie mit Yann Andréa regelmäßig über die Promenade vor dem Haus und an guten Tagen auch durch die Sträßchen Trouvilles. Die Pâtisserie Charlotte Corday, in der die beiden häufig einkehrten, gibt es noch. Gerne aßen Duras und Yann Andréa auch in der Brasserie Le Central, wo noch heute hervorragende Meeresfrüchte serviert werden.

Ihr Stammtisch in der hinteren Ecke, an dem die beiden gerne zum weinseligen Mittagessen Platz nahmen, ist noch da. Beliebter sind aber die weniger diskreten Plätze. Sehen und Gesehenwerden ist hier eine Beschäftigung, bei der die Stunden verfliegen wie die weißen Wölkchen am Frühsommerhimmel. Schon am frühen Mittag geht es in der Brasserie geschäftig zu. Ein spritziger Weißwein wird am Tisch entkorkt, eine Platte Austern aufgetragen. Vor den Fenstern fahren schnittige Autos im Schritttempo vorbei: eigentlich auf Parkplatzsuche, prüfen Fahrer und Beifahrer intensiver noch als den Straßenrand auf Lücken die Tische vor der Brasserie auf bekannte Gesichter. Die blitzweißen Boote im Hafen glitzern in der Sonne. Ein Hauch von Saint-Tropez weht durch Trouville.

Der Himmel als Palette

Wie Giverny zum Vorort eines Teichs wurde

An diesem Morgen liegt der wohl berühmteste Garten Frankreichs unter einem Dunstschleier. Immerhin: Auch der Andrang ist moderat. Die Gärten, die sich hinter dem Haus des Malers Claude Monet erstrecken, liegen fast verlassen. Erst langsam tauchen von Tau benetzte Blüten und üppige Büsche aus dem Morgennebel: Narzissen und Tulpen, Azaleen und Rhododendren, Engelstrompeten, Kapuzinerkresse und Margariten, Rosen und Rizinusbäume. Die Wege säumen kleine Hecken aus Rosmarin, in eine Wiese sind Apfelbäume getupft.

Eine Unterführung sperrt eine Straße aus, die zu Zeiten des Malers noch nicht da war. Dann öffnet sich der Blick auf den Wassergarten, den ein Seitenarm des Flusses Epte bildet: ein Teich voller Seerosen, gerahmt von Lilien, Schilf und Weiden, überspannt von einer zierlich geschwungenen grünen Brücke – und viele Male gemalt vom Hausherrn. Die Originale hängen in den großen Museen der Welt, das Motiv ist nahezu unverändert: liebevoll gepflegt für die vielen Tausend Besucher, die sich für die Gärten mindestens so interessieren wie für die Gemälde, die sie inspiriert haben.

Westlich von Paris erstreckt sich die Landschaft, die der Menschheit Camembert, *cidre* und *calvados* und der Kunst eine ihrer wichtigsten Entwicklungen der Moderne schenkte. Ihre teils idyllisch gepflegten, teils ganz unverfälscht gebliebenen Landschaften aus Weiden, Apfelhainen, Stränden und Steilküste machen neben den besonderen Lichtverhältnissen jede Reise in die Normandie auch zu einer in die Welt des Impressionismus – mit Giverny in ihrem Zentrum. Auch wenn die Normandie hier gerade erst beginnt.

Noch immer ist das Dorf am rechten Ufer der Seine klein. Hätte es sich Monet nicht zur Heimat erkoren, wäre es allerdings trotz der hübschen Kirche und des historischen Zentrums, trotz der schmalen Gassen und der schönen, von Blumen berankten Fassaden nur eines wie tausend andere in Frankreich.

Claude Monet war kein gebürtiger Normanne. Erst als er fünf Jahre alt war, übersiedelten seine Eltern nach Le Havre. Von nun an hatte der 1840 in der Hauptstadt geborene Knabe das Meer ständig im Blick. Wiewohl er während seiner Kindheitsjahre vor allem Porträts malte – Verwandte saßen geduldig Modell, doch er skizzierte auch Seeleute –, wurde die Landschaft der Normandie das Material, aus dem er ein Künstlerleben lang schöpfen sollte. Als er den aus Honfleur stammenden, sechzehn Jahre älteren Maler Eugène Boudin kennenlernte, nahm eine revolutionäre Wende der Kunst ihren Ausgang. Die beiden bauten ihre Staffeleien unter freiem Himmel auf und begannen, das Wechselspiel zwischen Farben, Licht und Landschaft zu ergründen.

Nach Studienjahren in Paris und einem freiwilligen Einsatz in Algerien kehrte der junge Monet nach Le Havre zurück, wo er mit dem niederländischen Kollegen Johan Barthold Jongkind arbeitete. Zurück in Paris lernte er die Maler Pierre-Auguste Renoir und Alfred Sisley kennen, mit denen er sein Leben lang befreundet blieb. Lange pendelte Monet zwischen Stadt und Land. Als Landschaftsmaler arbeitete er jenseits der Stadtgrenzen, doch verkauft wurde in Paris – und auch die großen Gruppenausstellungen der Impressionisten sowie seine späteren Einzelausstellungen fanden in der Kapitale statt.

Schließlich suchte der Künstler ein dauerhaftes Heim auf dem Land. Ein Haus in Poissy, das er für ein Jahr gemietet hatte, gefiel ihm überhaupt nicht. In einem ruhigen Dorf im Eure-Tal, gerade sechzig Kilometer von Paris entfernt, fand er dann, was ihm vorschwebte. 1883 zog der nun drciundvicrzigjährige Maler mit seinen zwei Söhnen – seine erste Frau Camille war vier Jahre zuvor gestorben –, seiner späteren Frau Alice und deren sechs Kindern zunächst als Mieter in das Haus, das seinerzeit »Le Pressoir« hieß. Sieben Jahre später kaufte er das Anwesen, in dem er bis zu seinem Tod im Jahr 1926 leben sollte. Viele berühmte Kollegen – darunter Pierre-Auguste Renoir und Paul Cézanne, Paul Signac und Camille Pissarro – besuchten ihn; später siedelte sich eine ganze Kolonie amerikanischer Kollegen in der Nachbarschaft an.

Kaum ein Tag verging, an dem der disziplinierte Monet, stets ordentlich gekleidet im dreiteiligen

Anzug, nicht die Farben auf seiner Palette mischte, um die immer anderen Lichtverhältnisse in seinem Garten festzuhalten – bis der Himmel ganz aus seinen Bildern verschwunden war und nur noch als reflektierte Ahnung im Teich erschien. Da war die Welt der Kunst längst revolutioniert, die Hungerjahre der rebellischen Freiluft-Maler, zu denen auch Monet gehört hatte, nur mehr ferne Erinnerung, und die Kritiker, die ihn anfangs verspottet hatten, verschämt verstummt. Jetzt konnte der Maler es sich sogar leisten, dem Dorf, dessen dreihundert Bewohner ihn hartnäckig als Außenseiter behandelten, die Pflastersteine für die beiden Hauptstraßen zu schenken – allerdings nicht aus reiner Nächstenliebe, sondern vor allem, weil ihm der Staub im Sommer gewaltig auf die Nerven ging.

Wiewohl er viel reiste, ins Ausland und innerhalb der Normandie, galt Giverny seine ganze Liebe. »Außer zur Malerei und zur Gartenarbeit bin ich zu nichts nutze«, behauptete er einmal kokett. In Giverny verbanden sich beide Leidenschaften zur Kunst, geschaffen für die Ewigkeit. Zugleich – und trotz der über lange Zeit undefinierten Beziehung zu Alice – führte er ein geordnetes, großbürgerliches Leben. Regelmäßig versammelte sich die Familie zu ausgedehnten Mahlzeiten, bei denen auf pünktliches Erscheinen Wert gelegt wurde. Im Jahr 1900 leistete Monet sich ein Auto mit Chauffeur, und gerne fuhr er mit Alice nach Paris, um ins Theater zu gehen.

Monets Sohn Michel vermachte das Anwesen 1966 der Akademie der Schönen Künste, die die verbliebenen Bilder ins Museum schaffte und dann mit der Restaurierung von Haus und Gärten begann. Heute sehen Haus- und Wassergarten wieder so aus, wie Claude Monet sie bepflanzte – eine Sinfonie aus bunt blühenden Stauden, exotischen Bäumen, Rhododendren und Azaleen. Ein Gärtnerteam sorgt dafür, dass die Besucher den Seerosenteich auf den ersten Blick erkennen. Kaum etwas hat sich verändert, seit Claude Monet hier einige der wichtigsten Gemälde des Impressionismus malte. Liegt die Wassertemperatur des Sees einen Monat lang bei mindestens sechzehn Grad, erblühen die Seerosen. Der Anblick ist ein Fest nicht nur für Fans des Malers, sondern auch für Gartenliebhaber. Eine Quelle der Inspiration ist er beiden. Denn bis heute wird in Giverny gemalt – wiewohl man keine Angst vor überlebensgroßen Schatten haben darf, will man in der Heimat des Impressionismus kreativ werden.

Im Souvenirgeschäft, das in einem der Ateliers Monets (die benötigte er für Regentage) untergebracht ist, herrscht im Sommer tagtäglich Ausnahmezustand. Schirme, T-Shirts, Kalender, Poster und Mousepads gehen zu Dutzenden über die Theke, fast alle ziert die japanische Brücke, die den Seerosenteich im Garten überspannt. Im Frühling und im Herbst ist der Andrang vergleichsweise überschaubar. Langsam wandern die Besucher durch das rosafarbene Haus mit den grünen Fensterläden, das große Sonnenblumen bewachen. Trotz des Ansturms ist dies auch ein Ort zum Träumen geblieben. Farbenfrohe Möbel, ein gelber Esstisch für die große Familie und die Gemälde an den Wänden erzählen von einem geselligen, produktiven und erfüllten Leben. Die Fenster blicken auf den magischen Garten.

Am Ende der Küste beginnt das Paradies

Auf der Halbinsel La Hague dringt der Wind durch Türen und Fenster

Auf der Wiese schräg gegenüber von Jacques Préverts Haus leckt eine schwarz-weiße Kuh ihr Kälbchen ab. Wenige Minuten zuvor erst wurde es geboren. In Préverts Garten liegen Äpfel zwischen eisernen Gartenmöbeln auf dem Boden. Hortensien, Rhododendren und Riesenrhabarber wuchern um die Wette. Rosen ranken die Fassaden empor und rahmen weiße Fensterläden. Eine hohe Zeder spendet Schatten – mehr, als man sich an den meisten Tagen in der Normandie wünscht. Dennoch ist dies ein Anwesen, das jeden zum Träumen bringt, der je darüber nachdachte, den heimischen Graubrot-Alltag für immer gegen französisches *savoir-vivre* einzutauschen. Auch wenn es manchmal regnet und häufig heftig stürmt.

Der in einem Pariser Vorort geborene Lyriker und Drehbuchautor Jacques Prévert war schon siebzig Jahre alt, als er und seine Frau Janine im Jahr 1970 das Haus aus grauem Bruchstein kauften und ihren Wohnsitz von Antibes am Mittelmeer in den entlegensten Winkel der Normandie verlegten. Seit den dreißiger Jahren kannten sie das Cap de la Hague, die Spitze der Halbinsel Cotentin im äußersten

Nordwesten der Region. Das ganze Jahr über zieht und zerrt der Wind an diesem Land, das hier nicht von grünhügeliger Lieblichkeit ist, sondern ungezähmt und schroff. Das Cap selbst gehört wegen der Wucht des Gezeitenstroms Raz Blanchard zu den gefährlichsten Schiffsgründen der Welt. Nach dem dramatischen Untergang des Transatlantikdampfers »Paris« im Jahr 1823 begann man mit dem Bau des Leuchtturms in Auderville. Dennoch besitzt die Landschaft den Zauber intakter Natur – oder besaß ihn zumindest so lange, bis hier die atomare Wiederaufbereitungsanlage gleichen Namens entstand, in der zeitweise der größte Teil deutscher Atomabfälle entsorgt wurde.

Sieben erfüllte und produktive Jahre sollte Prévert in Omonville-la-Petite verbringen, bevor er auf dem kleinen Kirchhof, nur einen Steinwurf von seinem Haus entfernt, im April 1977 seine letzte Ruhe fand. Weil es in dieser windgepeitschten Landschaft nur wenige Bäume gibt, steht auf jeder Weide ein Kratzstein für die Kühe. Auch Préverts Grabstein ist ein solcher Kratzstein und zeugt von seiner tiefen Verwurzelung im Cap. In La Hague ist die Normandie nur in Gärten eine Apfelbaumidylle. Und auch Fachwerkhäuser sucht man hier vergeblich. Die Häuser sind so solide wie möglich gebaut: aus Stein.

Bis er das Haus in Omonville-la-Petite kaufte, logierte Prévert während seiner Reisen in den Nordwesten der Normandie im Hôtel l'Erguillère. Nun folgten auch die Freunde Jacques und Janine aufs Land: die Maler Max Ernst und Pablo Picasso etwa. Ein anderer wohnte bereits in der Nachbarschaft: Alexandre Trauner, ein 1906 in Ungarn geborener jüdischer Szenenbildner, der 1929 nach Paris ging. Ab 1932 verband die beiden eine enge, lebenslange Freundschaft. Während der deutschen Besatzung versteckte Prévert Trauner in Südfrankreich vor den Nazis. Zwanzig Jahre lang arbeiteten die beiden später gemeinsam an Filmen, darunter »Die Kinder des Olymp«, für den Prévert das Drehbuch geschrieben hatte. 1960 erhielt Trauner für sein Szenenbild des Billy-Wilder-Films »Das Appartement« den Oscar, blieb weitere vierzehn Jahre in Hollywood und war für Klassiker wie »Das Mädchen Irma la Douce« und »Der Mann, der König sein wollte« tätig. 1993 starb er; sein Grab liegt auf dem Friedhof des Sprengels Omonville-la-Petite neben dem seines engsten Freundes.

Prévert gehörte zu den seltenen Künstlern, die es verstanden, aus einer lyrischen Begabung eine einträgliche Beschäftigung zu machen. Denn er formulierte seine Gedanken mit einer Klarheit, die sie einem breiten Publikum zugänglich machte, ohne dass er sich in Banalität verlor. Viele seiner Gedichte wurden – wie »Les Feuilles Mortes«, das auf Englisch unter dem Titel »Autumn Leaves« zu Ruhm kam – zu unsterblichen Chansons, interpretiert von Yves Montand, Juliette Gréco und anderen Größen. Hinzu kam mit dem Film eine Branche, in der Kreativität insbesondere im Erfolgsfall ausgezeichnet bezahlt wird. Zu Préverts bekanntesten Drehbüchern zählt neben »Die Kinder des Olymp« »Der Glöckner von Notre Dame«. Der Gedichtband

»Paroles« machte ihn 1946 zum ebenso anerkannten wie verkaufsstarken Dichter. Ob er Kinderbücher schrieb oder Texte zu den Bildern der Tierfotografin Ylla verfasste – der Erfolg blieb Prévert treu.

Herzstück des Hauses, das seit 1995 ein Museum ist, ist die Blaue Bibliothek im Dachgeschoss. Alles ist hier erhalten wie zu des Dichters Zeiten. Mit den Holzdielen, einem großen steinernen Kamin, den blauen Sofas, einem blauen und einem braunen Bücherschrank sowie dem langen Tapeziertisch, an dem Prévert Collagen klebte, ist dieses Atelier ein Raum, der den Eindruck vermittelt, in einem solchen Ambiente stelle sich die Kreativität ganz automatisch ein. Unter einem Dachbalken schwebt ein Engel. Prévert verbrachte hier einen Großteil seiner Zeit und schlief sogar im Atelier, als es ihm zunehmend schwerer fiel, sich im Haus zu bewegen. Einige Original-Collagen sind im kleinen Nebenzimmer aufbewahrt, das früher das Gästezimmer der Préverts war.

Mit Collagen beschäftigte sich Jacques Prévert seit den späten vierziger Jahren. Nach einem schweren Sturz aus einer ungesicherten Fenstertür lag er im Koma. Als er das Bewusstsein wiedererlangte, blieb er noch lange bettlägerig. Im Liegen konnte er nicht gut schreiben, wohl aber kleben. Er suchte sich sein Material aus Magazinen und Katalogen, nach seiner Genesung auch auf dem Flohmarkt, zusammen und schuf surrealistisch angehauchte Bilder, deren Anziehungskraft nicht unter der Zeit gelitten hat. Viele Collagen verschickte Prévert als Karten. Sie sind heute in alle Winde verstreut. Hundert Collagen überließ Janine nach dem Tod ihres Mannes der Französischen Nationalbibliothek.

Das Schlafzimmer ist Préverts Schriften gewidmet, getippten und von Hand geschriebenen. Seine Notizen beweisen, dass der Erfolg ihm nur scheinbar mühelos zuflog: Er redigierte, verwarf und verbesserte seine Texte viele Male.

Prévert soll der Nachwelt neben seinem Werk auch eine Botschaft hinterlassen haben – verborgen in der Landschaft, die er liebte. In der Nähe der Seerettungsstation Goury, auf einer kleinen Landzunge, die hier ins Meer ragt, hat er angeblich kurz vor seinem Tod einen Zettel vergraben. Mit Bleistift hatte er ein paar Worte gekritzelt: »Esst vom Gras, beeilt euch! Früher oder später wird es von euch essen.« Ob es diese Notiz wirklich gab? Man weiß es nicht. Aber passen würde sie, zum Land und seinem Dichter.

Auch mehr als vier Jahrzehnte nach seinem Tod ist die Maison Jacques Prévert ein Besuchermagnet geblieben – und eine Quelle der Inspiration. »Es war kein sehr großer Hafen. Ein gottverlassenes Nest, eine Handvoll Männer und ein paar Boote.« So zieht die 1961 geborene Schriftstellerin Claudie Gallay die Leser in ihren Roman »Die Brandungswelle«, der nicht nur in Frankreich ein großer Erfolg war. Schauplatz: ein Fischerdorf auf der Halbinsel La Hague. Der Protagonist Lambert, der als Fremder an diesen Urlaubsort seiner Kindheit zurückkehrt, wird nach dem Grund seines Besuchs gefragt. Ob er wegen des Sturmes gekommen sei, der gerade zu toben beginnt? Als Lambert verneint, folgert Morgane, die ihn in der Bar bedient: »Dann wohl wegen Prévert. Alle kommen wegen Prévert …«

Tatsächlich kam auch Claudie Gallay seinetwegen nach La Hague. Denn Préverts Gedicht »Le gardien du phare aime trop les oiseaux« inspirierte sie zu ihrem Bestseller, in dem ein Leuchtturmwärter, der die Vögel zu sehr liebt, eine Katastrophe verursacht. Er schaltet die Lichter nämlich immer mal wieder ab, um zu verhindern, dass Vögel sich verirren und gegen die Fenster des Turmes in den Tod fliegen – bis eines Nachts ein Boot verunglückt, weil der Leuchtturm den Kapitän nicht vor den Klippen gewarnt hat.

Claudie Gallay besuchte das Haus von Jacques Prévert, als sie »Die Brandungswelle« schrieb. Sie logierte im Hôtel du Cap in Auderville und erforschte jeden Hügel der Halbinsel. So fesselnd schildert sie die Landschaft, dass man beim Lesen das Salz in der Luft zu riechen glaubt. Auch Lambert erweist sich als jemand, dem diese Gegend nicht völlig fremd ist – nicht nur, weil ihn eine Tragödie mit ihr verbindet, sondern auch, weil er sich die örtlichen Gepflogenheiten schnell zu eigen macht. Während der Sturm schon beginnt, die Küste zu sezieren, platziert er im Lokal seine Bestellung: »Sintflut oder nicht, sechs Austern und ein Glas Wein, bitte!« Prévert wäre wohl dabei.

Die Tränen der Jungfrau

Rouen ist die Heimat von Dichtern, Denkern, Dampfplauderern – und normannischen Fürsten

Auf der Place du Vieux Marché zwitschern Vögel in den Platanen. In den Restaurants und Cafés ringsum plaudert die halbe Stadt. Seinen Namen trägt der Vieux Marché zu Recht: Seit tausend Jahren wird auf dem Marktplatz Handel getrieben. Durch eine von Geschäften gesäumte Gasse blickt man auf die fünfundsiebzig Meter hohe Tour de Beurre der Kathedrale. Dieser stolze Glockenturm verdankt seinen Namen (und seine Existenz) speziellen Ablässen, mit denen sich sündige Genießer einst den Luxus erkauften, während der Fastenzeit ohne Folgen fürs Seelenheil Butter und Sahne zu sich zu nehmen. Ein einträgliches Geschäft, dessen Gewinn gegen Ende des 15. Jahrhunderts in Kathedralenstein umgesetzt wurde. So will es zumindest die populäre Lesart der Stadtgeschichte. Womöglich hatte der Klerus aber auch ganz prosaisch das Fastengebot außer Kraft gesetzt, um durch die Verkäufe zusätzlicher Milchprodukte das Geld für den Bau des Butterturms erwirtschaften zu lassen.

In der Mitte des Alten Marktes erhebt sich wuchtig der geschwungene, nahezu dreieckige Giebel der Kirche Sainte-Jeanne-d'Arc. Ihr Vorgängerbau aus dem 16. Jahrhundert wurde 1944 von den

Alliierten getroffen, die die von den Deutschen besetzte Stadt zu befreien suchten; nur die ausgelagerten Kirchenfenster überstanden den Krieg und wurden in die fischförmigen Fenster der neuen, 1979 geweihten Kirche eingesetzt. Auch im Inneren finden sich maritime Symbole als Reminiszenz an den heiligen Vincent, den Schutzpatron der zerstörten Kirche.

Das merkwürdige Bauwerk wirkt inmitten der schmalen Fachwerkfassaden auch bei wohlwollender Betrachtung wie ein Fremdkörper. Und doch passt es nicht schlecht auf diesen Platz, der über Jahrhunderte nahezu alles beobachtet hat, zu dem der Mensch imstande ist: geistige Höhenflüge und erschütternde Barbarei, Rauschzustände, Glück und Zerstörung. Die avantgardistische Architektur der Pfarrkirche will mit ihrem lang gestreckten Schieferdach auf den Mauern aus Beton an den Scheiterhaufen der Jungfrau von Orléans erinnern. Denn Rouen ist auch die Stadt, in der Jeanne d'Arc am 30. Mai 1431 auf dem Scheiterhaufen starb.

Trotz des Erfolgs ihrer Bemühungen, die Engländer aus Frankreich zu vertreiben und den französischen Dauphin zum König seines Landes krönen zu lassen, verhedderte sie sich in den Intrigen und Wechselfällen des Hundertjährigen Krieges. Paris zu befreien, gelang ihr nicht; stattdessen fiel die durch religiöse Erscheinungen zu außergewöhnlichem Tatendrang motivierte Bauerstochter dem Herzog von Burgund in die Hände. Der verkaufte sie an die Engländer, die sie vor ein Kirchengericht stellten. Johanna wurde wegen Ketzerei, Mord – denn da sie als Frau kein Soldat sein konnte, galten die Verluste, die sie dem Gegner auf dem Schlachtfeld beibrachte, nicht als Heldentaten, sondern eben als Mord – sowie zahlreichen weiteren Verfehlungen der Prozess gemacht. Fünfundzwanzig Jahre nach ihrem Tod auf dem Scheiterhaufen wurde das Urteil revidiert und Johanna zur Märtyrerin erklärt. 1920 sprach der Vatikan sie gar heilig. Für die Jungfrau kam die Rehabilitierung zu spät, doch Frankreich hatte eine Nationalheldin gewonnen. 2015 erhielt sie im Bischofspalast, in dem sie verurteilt und rehabilitiert wurde, mit dem Historial Jeanne d'Arc ein Museum, das interaktiv und in Form szenischer Videoinstallationen von ihrem Leben und Leid erzählt.

Mit der Erinnerung an die Gräueltat auf dem Alten Markt versöhnen die »Larmes de Jeanne d'Arc«, die Tränen der Johanna. Der Schokoladenfabrikant Auzou stellt sie aus handgeschöpfter Schokolade her und verkauft sie in einem kleinen Geschäft in der Rue des Carmes, das geradezu betörend nach Pralinen duftet. Köstlich und süß schmecken sie und beweisen, dass sich in Frankreich fast alle Wechselfälle des Schicksals nach ein paar Jahrhunderten in kulinarische Freuden übersetzen lassen.

Während Paris sich dank seines Hausarchitekten Haussmann in eine Metropole weiter, luftiger Boulevards verwandelte, blieb Rouen die Provinzhauptstadt enger, von Fachwerkhäusern gesäumter Gassen. Zwar wurde es später auch hier etwas luftiger. Doch noch immer öffnet sich der Blick auf die siebentürmige Kathedrale ganz unversehens. Hunderteinundfünfzig Meter ragt ihr Vierungsturm, der höchste Kirchturm Frankreichs, in den Himmel. Die Kathedrale ist das Herz Rouens, ein Prachtstück erhabener, emporstrebender Gotik, und besitzt eine der schönsten Kirchenfassaden Europas. Kein Wunder ist es, dass Monet sie gleich achtundzwanzigmal malte – aus drei verschiedenen Perspektiven. Letzteres diente nicht nur der Suche nach dem Blickwinkel, die ihr Wesen offenlegen würde. Es hatte auch damit zu tun, dass Monet mehrmals seinen Standort wechseln musste, weil er mit seiner ewigen Raucherei im Geschäft gegenüber die Kunden belästigte.

Nicht zuletzt zählt die Kathedrale Notre-Dame de l'Assomption auch zu den Schauplätzen von Gustave Flauberts unsterblichem Roman »Madame Bovary«. So eint sie Religion, Geschichte, Kunst und Literatur. Dass nicht jeder Normandie-Reisende sie sieht, beweist, dass die Normannen nicht unrecht haben, wenn sie gelegentlich seufzen, die meisten Urlauber verpassten neunzig Prozent der wahren Normandie.

Um die strahlend bunten Fenster zu schützen, wurden sie gleich zu Beginn des Zweiten Weltkriegs ausgelagert und erst in den fünfziger Jahren wieder eingesetzt. Das Kirchenschiff aber nahm während des Krieges beträchtlichen Schaden. Beim Einmarsch der Deutschen 1940 geriet ein Teil der Kirche in Brand. Bei der Befreiung vier Jahre später wurde sie neuerlich beschädigt. Fünfunddreißig Jahre sollte es dauern, bis alles wiederhergestellt war. Auch nach dem Weltkrieg drohte der Kathedrale bisweilen Gefahr. Am zweiten Weihnachtstag des Jahres 1999 verwüstete ein schwerer Orkan Rouen und mit ihm auch das Kirchenschiff Notre-Dames; außerdem machen Luftverschmutzung und saurer Regen dem Prunkbau zu schaffen.

Notre-Dame ist Krönungsort und Grabstätte der schillerndsten normannischen Herrscher: Rollo, der erste Herzog, sein Sohn Wilhelm I. Langschwert und Richard Löwenherz, Herzog der Normandie und Aquitaniens, Graf von Anjou sowie zehn Jahre lang König von England, ruhen hier. Im Sarkophag des Letzteren befindet sich allerdings nur sein Herz. Der Sohn von Éléonore von Aquitanien und Heinrich II. von England, deren Ehe sich nach erstem Überschwang bald in ein Minenfeld verwandelt hatte, erwarb durch Furchtlosigkeit auf dem Schlachtfeld früh im Leben den Beinamen »Löwenherz«. Dass der glänzende General und erfolgreiche Kreuzfahrer als leidenschaftlicher Franzose einer der populärsten Könige Englands wurde, ist vielleicht seine größte Leistung. Obwohl in Oxford geboren, verbrachte er nur kurze Abschnitte seiner zehnjährigen Regentschaft in England. Viel zu sehr liebte er vor allem Aquitanien, um in kalten Schlössern auf einer von Nieselregen durchtränkten Insel herumzusitzen. Als er 1199 mit zweiundvierzig Jahren an den Folgen einer Kriegsverletzung starb, wurden seine sterblichen Überreste geteilt: Sein Körper wurde im Familiengrab der Plantagenets in der Abtei von Fontevrault beigesetzt, sein Herz in Rouen.

Doch all das lag noch in ferner Zukunft, als Rouen

Hauptstadt wurde. Ausgerechnet ein Zugereister brachte es zum ersten Herzog der Normandie. Im Jahr 911 erkannte der französische König Charles III., der den schönen Beinamen »le Simple« trägt, die Macht des hünenhaften Norwegers Rollo über die Region schriftlich an. Vermutlich sah er keinen anderen Weg, nachdem die Gegend seit dem Jahr 841 immer wieder Angriffen marodierender Wikingerhorden ausgesetzt war. Um diese Landplage ruhigzustellen, überließ er einem ihrer besonders furchterregenden Anführer das untere Tal der Seine: Rollo.

Ein Name wie ein Donnerhall, zwei Meter und acht Zentimeter groß, berstend vor Tatendurst und Siegeswillen – »Rolf le Macheur«, wie er auch genannt wurde, muss eine eindrucksvolle Erscheinung gewesen sein. Doch nur ein Jahr, nachdem Charles ihn zum Fürsten ernannt hatte, ließ er sich mit Wasser aus der Seine taufen, nannte sich fortan Robert und erwarb mit solch rascher Assimilierung das Anrecht auf eine Grabstelle in der Kathedrale, an deren Stelle sich damals allerdings noch der romanische Vorgängerbau befand. Zuvor hatte Charles das Herrschaftsgebiet Rollos erweitert. Denn noch immer wurde das Küstengebiet von Wikingern heimgesucht, und da bot es sich an, Rollo die mühsame Verteidigung zu überlassen, der wenigstens ein frommer Christ war. Dieser erste Herzog machte Rouen zu seiner Hauptstadt – und das Jahr 911 zum Geburtsdatum der Normandie.

Rollo mochte schon aufgrund des angenehmen Klimas recht angetan von seiner neuen Heimat gewesen sein. Auch seine Residenzstadt, die aus einem an einer Furt durch die Seine gelegenen keltischen Dorf hervorgegangen war, konnte sich sehen lassen. Seit dem 3. Jahrhundert war Rouen durch eine Stadtmauer mit zwei Toren gesichert. Das Leben war gut. Sein noch in Norwegen geborener Sohn Wilhelm Langschwert beerbte Rollo. Dass die Ära der Normannen im Jahr 1204 enden würde, als der französische König Philipp-August die Herrschaft über die Normandie zurückgewann, konnte die beiden Fürsten noch nicht kümmern.

Menschen vom Schlage eines Rollo sind auch in der Normandie eher Ausnahme als Regel. Dennoch hat Rouen bemerkenswerte Persönlichkeiten hervorgebracht. Nicht nur Flaubert hat seiner Heimatstadt einen Platz auf der Weltkarte der Literatur gesichert. Der Jurist, Dramatiker und Dampfplauderer Pierre Corneille (1601–1684) wurde in einem Haus am Alten Markt geboren. Erst 1662 zog er in bereits reiferem Alter nach Paris. Sein Geburtshaus ist heute ein nach ihm benanntes Museum. Corneilles Studierzimmer wurde so authentisch wie möglich rekonstruiert; eine Ausstellung erzählt vom Alltag im 17. Jahrhundert.

Als Gustave Flaubert seine Madame Bovary von der schillernden Großstadt Rouen träumen ließ, war die Stadt, die schon im Mittelalter mit Stoffen und Tüchern gut verdient hatte, durch Textilfabriken wohlhabend geworden. Die Wirtschaft hatte sich von der Versandung des Hafens erholt, die die Passage zum Atlantik seit dem 16. Jahrhundert zunehmend erschwert hatte. Nun war sogar genug

Geld da, den Hafen auszubauen. Für nicht wenige Bürger wurde das Leben bequem.

Für andere wurde es sogar langweilig. Simone de Beauvoir war hier in den dreißiger Jahren als junge Lehrerin tätig. Rouen hatte sie sich nicht ausgesucht; französische Lehrer haben wenig Einfluss auf ihren Einsatzort. Beauvoirs Sehnsucht nach Paris (und nach Jean-Paul Sartre) war groß, Rouen fand sie provinziell und reichlich öde. Trost und Kraft für den Schultag spendete ihr das tägliche Frühstück in einem Café, das den Namen »La Métropole« ihrer Einschätzung nach gewiss völlig zu Unrecht trägt. In jüngerer Zeit brachte Rouen mit François Hollande im Übrigen auch einen namhaften Politiker hervor. Der vierundzwanzigste Präsident der Französischen Republik wurde 1954 in der Hauptstadt der Normandie geboren.

Im kleinen Teesalon »Dame Cakes« ist es leicht, sich Paris fern zu fühlen. Unmittelbar neben der Kathedrale verbirgt er sich in der einstigen Werkstatt von Ferdinand Marrou, der den Vierungsturm des Gotteshauses entwarf. Die mit schmiedeeisernen Girlanden verzierte Fassade des zimmerbreiten Hauses erinnert an einen Schmied, der hier einst sein Geschäft betrieb. Innen sieht es ein bisschen aus wie in einer Puppenstube. Die Gäste sitzen bei Kuchen, *quiche* und Pastete oder lassen sich zur Teestunde eine mit süßen und herzhaften Köstlichkeiten beladene Etagere bringen. Hat man hier erst mal Platz genommen, ist man beinahe im Rouen des 19. Jahrhunderts angekommen.

Draußen ist der Himmel schwer, doch die Sonne des späten Nachmittags findet eine Lücke zwischen den Wolken und lässt die Gasse neben der Kathedrale aufleuchten. Zwischen Licht und Schatten erwachen die Geister der alten normannischen Hauptstadt: Krieger und Kirchenbaumeister, Händler und Heilige. Ein Skandinavier stürmt um eine Ecke, ein junges Mädchen fürchtet um sein Leben. Dann erscheint ein bärtiger Herr im Dreiteiler, eine Staffelei unterm Arm. Er schaut zum Himmel. Bleigraue Wolken und tiefe Sonne. Er hastet zurück zur Kathedrale.

Tag der Befreiung

An den D-Day-Stränden wurde am 6. Juni 1944 Weltgeschichte geschrieben

Mehr als fünf Jahre lang war Schloss Nacqueville während des Zweiten Weltkriegs und in der ersten Zeit danach besetzt. Vier Jahre lang hatte sich die Hitlerjugend in dem Prunkbau aus dem 16. Jahrhundert breitgemacht, nach der Befreiung kamen Amerikaner und blieben weitere eineinhalb Jahre. Die Letzteren unterhielten hier ein Lager für siebzigtausend deutsche Gefangene, die im Park untergebracht wurden. Die Ersteren hatten einen Fluss umgeleitet und den 1830 vom englischen Landschaftsarchitekten Capability Brown angelegten Park verwüstet.

»Meine Großeltern hatten anschließend viel Arbeit«, seufzt Florence d'Harcourt und lacht. Aber nur ein bisschen. Die Kirche, die Florences Urgroßvater erbauen ließ, hatten die Deutschen gesprengt. Das Schloss immerhin stand noch. Allerdings hatten die Amerikaner es khakigrün angestrichen. Schlimmer aber waren die Schäden an der Bausubstanz: Teile des steinernen Daches fehlten, die Kamine waren zerstört, die Räume leer. Kaum mehr als die Mauern aus Granit hatten die Besatzungszeit überdauert. Auch das Familienarchiv war verschwunden: »Sie haben alles verbrannt.« Nur ein paar Zeichnungen und Gedichte von Mitgliedern der Hitlerjugend fanden die Besitzer. »Sie hatten hier eine gute Zeit«, sagt Florence.

Die rechtmäßigen Besitzer hingegen wussten kaum, wo sie mit dem Wiederaufbau beginnen sollten. »Meine Großeltern wollten das Schloss schon aufgeben«, erzählt Florence, die hier heute mit ihrem Mann Thierry und drei Kindern lebt. »Aber es war seit 1880 in der Familie, seit mein Urgroßvater es gekauft hatte. Und es bündelte fünf Jahrhunderte normannischer Geschichte. Also fingen sie doch an, es instand zu setzen.« Zehn Jahre dauerten die Arbeiten. Der Park wurde wieder angelegt, das Interieur des Hauses neu gestaltet. 1962 öffneten sie den Park und ein Zimmer für Besucher.

Die Zugbrücke, die Außenmauer, das Dach, Garten und Park stehen heute unter Denkmalschutz. Das Interieur nicht – es wurde nach dem Krieg komplett neu gestaltet. Doch im Garten hat ein zweihundert Jahre alter Rhododendronbusch die Besatzung überdauert. Florence d'Harcourt ist dankbar, dass ihre Großeltern Hersent den Kraftakt auf sich nahmen, Nacqueville wieder zu seinem alten Glanz zu verhelfen. Obwohl sie mit ihrer Familie seit zwölf Jahren in Australien lebte, zögerte sie nicht, in die Normandie zurückzukehren, als sie den Besitz im Jahr 2000 erbte. Für Florence war es ein Wiedersehen. In dem in einem Tal gelegenen Schloss hatten sie und ihre vier Brüder in ihrer Kindheit die Sommerferien verbracht; später feierten sie und Thierry hier ihre Hochzeit.

»Ich hatte keine Ahnung von Gärten, als wir herkamen«, erklärt Florence freimütig. »Vieles habe ich einfach ausprobiert, auch Dinge, vor denen man mich gewarnt hatte. Zum Beispiel habe ich vor den Eisheiligen zu pflanzen begonnen, und damit natürlich prompt Schiffbruch erlitten.« Ihr Vater hatte in Paris gelebt und zwei Gärtner und zwei Helfer mit der Pflege von Park und Garten beauftragt. »Die haben sich hier ein schönes Leben gemacht«, sagt Florence. Umso mehr gab es bei ihrer Rückkehr zu tun. »Ich habe versucht, alles selbst zu machen.« Im Mai des zweiten Jahres hatte sie noch immer keinen Gärtner gefunden und konnte nachts schon nicht mehr schlafen. »Schließlich fanden wir jemanden«, erzählt sie. Eine Riesenerleichterung. Zugleich konnte sie sich nun noch besser vorstellen, vor welcher Herkulesaufgabe ihre Großeltern 1946 gestanden waren, als sie zu zweit die Restaurierung des zerstörten Anwesens in Angriff nahmen.

Wie überall in Europa (und über die Grenzen des Kontinents hinaus) gibt es auch in Frankreich keine Familie, deren Geschichte nicht durch den Zweiten Weltkrieg verändert wurde. 1945 musste froh sein, wer mit dem Leben davongekommen war. Auch wenn das Ausmaß der Zerstörung kaum fassbar war.

Das Ende des Schreckens begann unweit von Nacqueville an der Küste der Unteren Normandie. Am Dienstag, dem 6. Juni 1944, wurde hier mit der Landung der Alliierten Weltgeschichte geschrieben. Kurz nach Mitternacht landen die ersten englischen Fallschirmspringer bei Arromanches und somit weiter westlich als von den deutschen Besatzern erwartet. Über dem Utah Beach springen amerikanische Fallschirmspringer ab. Als es hell wird, greifen elftausend Flugzeuge und sechstausend Schiffe den deutschen Atlantikwall an. Das Bombardement soll den Truppen den Weg ebnen. Fünfundvierzig Minuten später landen sie.

Dass der Coup für die deutschen Besatzer tatsächlich eine Überraschung war, verdankte sich sorgfältiger Planung. Schon ein Jahr zuvor hatten die Alliierten bei einer Konferenz im kanadischen Québec entschieden, im Frühjahr 1944 in Europa zu landen. Zu letzten Beratungen trafen sich General Dwight D. Eisenhower und Winston Churchill Anfang des Jahres 1944 auf der Halbinsel Rhins of Galloway im äußersten Südwesten Schottlands. Eine am Meer gelegene Jagd-Lodge namens Knockinaam war der Schauplatz ihrer Gespräche. Churchill logierte hier, General Eisenhower wurde unter strengster Geheimhaltung nach Prestwick geflogen und in einem unauffälligen Hotel untergebracht. Das Treffen von Premierminister und ranghöchstem General in dem versteckten Landhaus war eines der bestgehüteten Geheimnisse des Zweiten Weltkriegs, das erst anlässlich eines Inhaberwechsels der Knockinaam Lodge Anfang der neunziger Jahre enthüllt wurde. Churchill und Eisenhower hatten hier keine Zeit für die ländlichen Vergnügungen, für die Lady Hunter-Blair das Haus 1869 hatte erbauen lassen: Jagd, Wanderungen und whiskyselige Wochenenden. Zu intensiv waren sie mit der Feinabstimmung der mit dem

Codenamen »Overlord« bezeichneten Militäroperation beschäftigt, die das Ende des Krieges einleiten sollte.

Ihre Details mussten an die örtlichen Gegebenheiten angepasst werden und zugleich in möglichst eklatantem Widerspruch zu den Erwartungen des Kriegsgegners stehen. So landeten die Truppen in der Nähe der Seine-Mündung und nicht an der Küste von Nord-Pas-de-Calais, wo England Frankreich besonders nahe liegt und die Deutschen am ehesten mit einem Angriff rechnen mussten. Deshalb auch hatten diese die Küste der Unteren Normandie weniger befestigt als jene Nordfrankreichs. Um die Wehrmacht in ihrem Glauben zu lassen, bauten die Alliierten bei Dover eine gewaltige Scheinarmee auf: Panzer und Fahrzeuge aus Sperrholz und Segeltuch, bedient und bewegt von Tausenden Statisten, dazu ein ebenso heftiger wie fiktiver Funkverkehr. Das Ablenkungsmanöver funktionierte: Bis auf wenige, nicht beachtete Ausnahmen fiel die deutsche Generalität darauf herein und konzentrierte ihre Aufmerksamkeit auf einen zu erwartenden Angriff im Norden.

Schließlich mussten die Gezeiten mitspielen: Da die Deutschen einen Angriff bei Flut erwarteten und die Küsten mit Hindernissen präpariert hatten, mussten die Alliierten bei halber Flut landen. Und damit die Angreifer aus der Luft und vom Meer aus etwas sehen konnten, brauchten sie Vollmond und das Licht des frühen Morgens. Alle drei Bedingungen – halbe Flut nach einer Vollmondnacht im Morgengrauen – kommen nur an wenigen Tagen im Monat zusammen. So fiel die Wahl des Datums auf den 5. Juni mit der Option, das Manöver um einen Tag zu verschieben, was die Wetterlage über dem Ärmelkanal dann auch tatsächlich erforderlich machte.

Gerade wegen des rauen Wetters rechnete aufseiten der Deutschen an diesem Morgen niemand mit einem Angriff. So sicher fühlte man sich, dass die meisten Kommandeure der sieben deutschen Divisionen zu Planspielen nach Rennes gereist waren. Generalfeldmarschall Rommel, der Chef des gesamten Abschnitts der Front, weilte bei Geburtstagsfeierlichkeiten seiner Frau im heimischen Herrlingen. Die Wehrmacht war praktisch führerlos. Und so fügt sich an diesem Tag ein Mosaiksteinchen ans nächste.

Die Amerikaner landen am Utah und am Omaha Beach, Engländer und Kanadier erobern Gold, Juno und Sword Beach. Es ist die größte Militäroperation der Geschichte. Am Abend sind hundertsiebzigtausend alliierte Soldaten mit Schiffen oder Fallschirmen in der Normandie gelandet, sie haben achtzig Küstenkilometer erobert. Bayeux ist am Morgen des 7. Juni die erste befreite Stadt Frankreichs. Nicht nur symbolisch war dies ein wichtiger Schritt, sondern auch ein Segen für die Stadt, deren historisches Zentrum so gut wie unbeschädigt aus dem Krieg hervorging, während die meisten anderen Städte der Normandie, insbesondere Saint-Lô, Caen, Le Havre und Rouen, buchstäblich in Trümmer gelegt wurden.

Bei Vierville-Saint-Laurent am Utah Beach und

bei Arromanches am Gold Beach legen die Alliierten Häfen an; der erste wird noch im Juni bei einem Sturm zerstört. Über den Hafen am Utah Beach fließen Truppen, Waffen und Nachschub ins Land. Enden wird die Offensive indessen erst Monate später und nach furchtbaren Kämpfen. Am 21. August ist der Weg nach Paris offen, wo die Alliierten wenige Tage später eintreffen; am 30. August ist Rouen, die Hauptstadt der Normandie, befreit. Doch sollte es nach der Operation Overlord noch elf lange Monate dauern, bis der nationalsozialistische Terror endgültig beendet war; für ungezählte Menschen kam die Befreiung zu spät.

Auch bald achtzig Jahre nach dem Ende des Weltkriegs sind seine Spuren an der Nordküste der Normandie noch sichtbar. Mit dem Bau des Atlantikwalls hatten die Deutschen begonnen, als im November 1942 nach dem Vorrücken der Alliierten in Nordafrika klar wurde, dass sich die Vorstellung vom »Endsieg« als Idee eines Irren erweisen und die Alliierten schließlich auch Frankreich erreichen könnten – was kanadische Truppen im August 1942 bereits in Dieppe versucht hatten, woran sie aber gescheitert waren. Fertiggestellt war der Atlantikwall auch 1944 noch nicht, wiewohl vierhundertfünfzigtausend Arbeiter bereits elf Millionen Tonnen Beton und eine Million Tonnen Stahl verbaut hatten. Entsprechend solide gerieten die Bauten, von denen in der Normandie noch viele zu sehen sind: errichtet für die Ewigkeit, wie in anderen Zeiten Kirchen. Seinem Namen zum Trotz war der »Wall« nämlich kein zusammenhängendes

Bauwerk, sondern bestand aus mehreren Tausend Befestigungsanlagen an den Küsten von Ärmelkanal, Atlantik und Nordsee.

Die Küstenbatterie von Azeville, buchstäblich in das normannische Dorf gepflanzt und eines der wichtigsten Ziele der Alliierten am D-Day, ist Besuchern zugänglich. Über Kopfhörer erfahren sie, dass es drei Tage dauerte, die durch ein Netz von Gängen unterkellerte Verteidigungsstellung einzunehmen. Bis dahin wurde Utah Beach von hier aus noch schwer bombardiert. Die unterirdischen Gänge sind ebenso erhalten wie diverse Gebäude, die vom Leben der Besatzer erzählen. Ganz in der Nähe liegt die Kirche Sainte-Mère, in deren Spitze sich der Fallschirmspringer John Steels verfing. Hollywood hat die Geschichte im Film »The Longest Day« verewigt.

Die Küstenverteidigungsbatterie bei Longues-sur-Mer ist die einzige der Landungsstrände, die als Denkmal geschützt wird. Zwischen Omaha Beach und Arromanches gelegen, bietet sie einen weiten Blick über die Landungsstrände und die Reste des künstlichen Hafens von Arromanches-les-Bains. In ihren vier Bunkern befindet sich bis heute Artilleriegeschütz; sie ist die einzige deutsche Batterie, die noch immer mit Kanonen aus dem Weltkrieg ausgestattet ist. Weiter östlich, zwischen Oistreham und Cabourg, ist mit der Batterie de Merville ein Militärstandort vollständig erhalten. Bunker Nummer elf ist so hergerichtet worden, wie er am 5. Juni 1944 aussah. Was hier in den letzten Minuten vor der Ankunft der Briten vor sich ging, wird mehrmals am Tag akustisch und visuell nachfühlbar gemacht: Infernalischer Lärm, Rauch und Feuerschein geben den Besuchern eine Ahnung von den dramatischen Geschehnissen im Morgengrauen.

In Caen, das im Juli 1944 nach schwerem Bombardement befreit wurde, befindet sich heute mit dem Mémorial de Caen ein Museum, das zugleich Denk- und Mahnmal ist: Erinnerung an die Menschen, die damals ihr Leben verloren, und Aufforderung zur Versöhnung und Verständigung. Es ist eines von dreißig Museen, die sich in der Normandie mit den Geschehnissen des Disembarkment-Day beschäftigen und sie in mehreren Sprachen darstellen und aufarbeiten. Mehrere touristische »Routes du Débarquement« folgen den Spuren der Ereignisse des Sommers 1944.

Die Spuren führen auch zu den Soldatenfriedhöfen, deren Reihen von weißen Kreuzen zeigen, wie hoch der Preis des Sieges in der Schlacht um die Normandie war: eine endlose Folge abgebrochener Biografien, zerstörter Hoffnungen, untröstlicher Eltern. Auf dem Friedhof Saint-Laurent bei Colleville-sur-Mer sind fast zehntausend amerikanische Gefallene begraben. Der »Garden of the Missing« erinnert an die Toten, die nie gefunden wurden. Auch für den Gegner wurden Ruhestätten angelegt: In La Cambe, einem von fünf deutschen Soldatenfriedhöfen in der Normandie, liegen mehr als einundzwanzigtausend deutsche Soldaten.

Dass so viele so junge Menschen starben, um dem Morden ein Ende zu machen; dass die friedliche Landschaft Schauplatz eines Blutbads wurde; dass diese Geschehnisse gerade mal ein Lebensalter zurückliegen – all das ist schwer zu ertragen. Es ist ein Moment für einen *calvados*. Er wärmt den Magen, und ein wenig auch das Herz.

Ein Tag am Meer

Strand und Steilküste, Kekse und Krustentiere: Unterwegs am Cap von Cotentin

Unten am Strand sind die kleinen Umkleidekabinen nebeneinander aufgereiht. Kaum breiter als ein Kleiderschrank, mit spitzen Giebeln, sehen sie ein wenig aus wie überdimensionierte Vogelhäuser. Sie halten nicht nur die Nähe der Elemente aus, sondern sind auch so entzückend anzuschauen, dass man sich gerne eines mit nach Hause nehmen wollte. Dieser Gedanke hatte mich schon im außerordentlich schmucken Hôtel des Isles in Barneville-Plage gestreift. Dort hatte man die Strandhäuschen tatsächlich zu Kleiderschränken aus makellos weißem Holz weiterentwickelt, mit fischförmigen Öffnungen in den Türen, die die Griffe ersetzen. Doch ich ahnte, dass das Personal am Flughafen auf einen Versuch, ein solches Schränkchen aufzugeben, gewiss ungehalten reagieren würde.

Die Gedanken in sinnfreiem Raum wandern zu lassen, gehört bekanntlich zu den größten Vergnügungen des Wanderns. Am Meer sowieso. Ins Unendliche zu schauen, beruhigt allzu hastig umherflatternde Gedanken. Der Sentier des Douaniers, der Pfad der Zöllner, führt ein nicht allzu langes, dafür aber umso schöneres Stück um das Cap de Cotentin. Eine meditative Kurzstrecke also, die nur sonntags zu meiden ist. Denn dann machen sich auch die Bewohner der umliegenden Gemeinden auf in die Natur, und ihre munteren Begrüßungsrufe übertönen leicht das Geschrei der Möwen.

Vor der Küste liegt die englische Kanalinsel Jersey, etwas weiter südlich im Hinterland das Naturschutzgebiet mit einem Namen, dessen Länge seiner Fläche ebenbürtig ist: Parc naturel régional des Marais du Cotentin et du Bessin. Nördlich von hier markiert die wilde Halbinsel Cap de la Hague das Ende dieser Küste der Normandie, ganz im Süden der Mont Saint-Michel. Weil die Westküste wesentlich weiter von Paris entfernt ist als die Strände der Nordküste, erreichte der Tourismus sie erst später. Hier gibt es keine traditionsreichen Seebäder, dafür aber lange Abschnitte unberührter Küste und kleine Häfen. Dort kann man den vom Meer zurückgekehrten Fischern bei der Versorgung von Fang, Netzen und Booten zuschauen, bis es Zeit ist, ins Restaurant zu gehen und sich über die Früchte ihrer Arbeit herzumachen.

An diesem Tag wollten wir uns durch die Landschaft um Carteret treiben lassen und dabei zunächst den Zöllnerpfad erkunden. Seinen Namen verdankt er der regen Schmuggeltätigkeit zwischen französischer Küste und englischen Kanalinseln, der sich früher manches komfortable, dazu noch steuerfreie Einkommen verdankte. An der einen Seite des Weges erhebt sich Steilküste, an der anderen Seite geht es nicht minder dramatisch bergab in Richtung Meer. Der Pfad ist so schmal, dass man an einzelnen Stellen nicht ohne Grauen in die

Tiefe blickt. Doch meistens ist die Aussicht erhebend: Der Himmel ist weit und hoch, in die Wiesen sind rosafarbene Blüten getupft, unten donnert das Meer an senkrecht aufragende Klippen. Auf einem Felsbrocken liegen träge ein paar Robben und lassen sich von der Gischt der Wellen besprühen. Hinter einer Kurve öffnet sich der Blick auf einen breiten Strand. So weit reicht die Bucht, dass sich die Aussicht erst im Dunst des Horizonts verliert.

Die Vieille Église Saint-Germain, deren Reste sich hier auf einem Plateau über dem Strand erheben, trägt ihren Namen zu Recht. Im 10. Jahrhundert wurde sie erbaut. Einst befand sich hier auch das Dorf Carteret, dessen Bewohner aber wegen der herandrängenden Dünen ins Landesinnere zurückwichen. Der heilige Germain, dem das Kirchlein gewidmet war, soll in einem Fass an diese Küste gespült worden sein. Nach der mühevollen Anreise sah er sich der Überlieferung zufolge dennoch dazu imstande, sich zu einer nahen Drachengrotte zu begeben. Deren Bewohner war bereits seit Längerem unangenehm aufgefallen, weil er in jedem Jahr das Leben eines Mannes und einer Frau aus dem Dorf als eine Art Kopfsteuer gefordert hatte. Germain machte ihm den Garaus; die Blutspur des Drachen soll noch immer gelegentlich im Meer zu sehen sein. Von der Kirche haben indessen nur die beiden dem Land zugewandten Mauern überdauert. Durch Fenster- und Türöffnungen schaut man ins grasbewachsene Kirchenschiff und aufs Meer.

Irgendwann rissen wir uns wieder los vom Blick über den unendlichen Strand, rafften uns auf und wanderten noch ein Stück weiter, bevor wir unseren Wagen ins Binnenland steuerten. Wir hatten nämlich eine Verabredung zum Tee. Mit einigen Butterplätzchen. In der »Maison du Biscuit« in Sortosville-en-Beaumont wird seit 1903 gebacken. Der findige Maxime Burnouf gründete seinerzeit die Bäckerei, die noch heute im Besitz seiner Nachkommen ist – mittlerweile der fünften Generation. Fünfhundert Tonnen Plätzchen werden pro Jahr in der Fabrik hinterm Haus gebacken, das sind eine Million und achthunderttausend Stück. Keine Konservierungsstoffe, nur Butter aus der Normandie, so lautet die eherne Regel für die Herstellung der *petits fours financiers*.

Und tatsächlich zergehen sie süß und butterig auf der Zunge. Im Puppenstuben-Café knusperten wir uns durch die anderen Produkte des Hauses: *cookies aux éclats de caramel d'Isigny* mit gesalzener normannischer Butter, von Schokolade umhüllte *sablés diamants* mit Mandelcreme und die *doigts de dames*, kleine Baisers mit Nusssplittern. Wir begannen zu verstehen, warum jedes Jahr fünfhunderttausend Besucher dieses Café heimsuchen. Ein wenig hat der Ansturm vermutlich auch mit den angeschlossenen Geschäften zu tun, in denen nostalgisches Spielzeug, allerhand Krimskrams sowie kulinarische Spezialitäten aus allen Regionen Frankreichs verkauft werden – mit einem besonderen Schwerpunkt natürlich auf denen aus der Normandie.

Am Abend fühlten wir uns von unserem Spaziergang auf dem Zöllnerpfad noch immer ausreichend vom Wind durchweht, um uns trotz unserer Plätzchenverkostung am Nachmittag im Hôtel des Ormes in Carteret eine normannische Schlachtplatte zuzutrauen. Auf Schieferplatten wurden luftiges Weißbrot und gesalzene Butter gereicht. Dem folgte ein Arrangement aus Meeresgetier: Austern, Garnelen, Seespinne und Meeresschnecken, dem wir mit allerhand Werkzeug zu Leibe rückten. Als Hauptgang hatten wir Rinderfilet gewählt, das an einer Sauce serviert wurde, die vor allem aus Butter und *calvados* zu bestehen schien. Zum Abschluss gab es ein Stück ganz leichter Schokoladentorte. Danach mussten wir ein Stück am Meer entlanglaufen, um nicht bewusstlos zu werden. Es war Juni; der Strand lag noch im letzten Licht des Tages. Im Dorf fanden wir eine Bar. Im Fernsehen lief ein Fußballspiel, das die versammelten Herren unterschiedlicher Altersstufen unter Stöhnen, Anfeuerungsrufen und heidnischen Flüchen verfolgten. Wir nahmen zum Espresso einen *calvados* und fühlten uns dem Himmel nahe.

Wenn es regnet in der Normandie

Inspiriert wurde der moderne Klassiker unter den Regenschirmen von einem Kassenknüller mit Cathérine Deneuve

Schuld war Cathérine Deneuve. So entzückend war die bildschöne Zwanzigjährige als verliebte Erbin eines kleinen Regenschirmgeschäfts im Film »Die Regenschirme von Cherbourg«, dass mancher Kinogänger gerne ein Leben im Dauerregen auf sich genommen hätte, wenn ihm dabei nur die mit Schirm bewehrte Französin zur Seite gestanden wäre. Dabei war der melancholische Musikfilm von Jacques Demy an sich nicht geneigt, die Hafenstadt Cherbourg, das Wetter oder auch nur die Liebe sonderlich zu verklären, ging es darin doch um ein schwer verliebtes junges Paar, das unbedingt heiraten will, aber vom Leben auseinandergetrieben wird. Geneviève, gespielt von der Deneuve, heiratet auf Drängen ihrer Mutter den reichen Diamantenhändler Roland, obwohl sie von ihrem Liebsten Guy schwanger ist. Doch dessen Rückkehr aus dem Algerienkrieg lässt auf sich warten, und eine gute Partie ist der Automechaniker sowieso nicht. So tröstet der sich zurück in Cherbourg mit Madeleine, und alle werden nur so glücklich, wie es das wechselhafte Wetter der Normandie eben erlaubt.

Cathérine Deneuve, die 1963 bereits ein knappes Dutzend Filme gedreht hatte, gelang mit den »Regenschirmen von Cherbourg« der internationale Durchbruch. 1964 erhielt das Filmmusical in Cannes die Goldene Palme. Plötzlich wusste die ganze Welt, wo Cherbourg ist. Jean-Pierre Yvon, der als Zwölfjähriger die Dreharbeiten besuchen durfte, wusste noch mehr: Er würde einmal ein Regenschirmgeschäft in seiner Heimatstadt eröffnen, wie es im Film die Mutter von Geneviève betreibt. Zwar besaß seine Familie seit Generationen eine lukrative Gerberei in Cherbourg. Aber dass Schirme gut gehen würden, dafür sprach neben der werbenden Wirkung des Filmes schon ein Blick aus dem Fenster.

Denn an den Gestaden des Ärmelkanals sind sich Frankreich und England, die sich bisweilen an unterschiedlichen Enden des Universums wähnen, plötzlich sehr ähnlich. Steinerne Häuschen ducken sich vor lieblichen grünen Hügeln, auf die Apfelbäume und Schafe getupft sind. Das Wetter wechselt schnell. Und häufig regnet es: leise, versöhnlich, ausdauernd. Oder peitschend, wenn in Herbst und Winter schwere Stürme das Meer aufwühlen. So ist es kaum verwunderlich, dass ein Geschäft für Regenschirme, wie man es vielleicht eher an der Themse vermuten würde, bestens ins normannische Hafenstädtchen Cherbourg passt.

Jean-Pierre Yvon erfüllte sich seinen Traum auf Umwegen. Zunächst entschloss er sich, als Fotograf in Paris zu arbeiten. Mit dreißig Jahren eröffnete er dann in der Rue des Portes in Cherbourg die Boutique Ecaille, ein Geschäft für exklusive und exotische Accessoires. Fünf Jahre später ließ er den »Véritable Cherbourg«, den einzig wahren Cherbourg, als Markenzeichen eintragen – und machte seine Heimatstadt damit zum Synonym für den Regenschirm. Die erste Kollektion umfasste drei belastbare Modelle in zeitlosen, klassischen Designs.

Das Geschäft ging gut – so gut, dass die Schirme den Taschen und Seidenschals mehr und mehr Platz nahmen. »Le Véritable Cherbourg« wurde zur probatesten Waffe im Kampf gegen alle Formen des Niederschlags. Nieselnder, strömender, von allen Seiten prasselnder Regen – mit allem nimmt es dieses solide gefertigte Stück auf. Wiege der Wertarbeit ist Yvons 1996 in Cherbourg eröffnete Fabrik, in der die Schirme komplett hergestellt werden: vom Hand geformten Ahorn- und Kastanienholz der Stöcke über die eingenähten Embleme bis zu den Verstrebungen aus rostfreiem Stahl.

Neben strengen Belastungstests – ein wahrer Cherbourg muss Rückenwind mit einer Geschwindigkeit von hundertzwanzig, Gegenwind mit einer Geschwindigkeit von vierundfünfzig Stundenkilometern unbeschadet überstehen – sorgt auch die Ästhetik für Langlebigkeit: klare Farben und das unverwechselbare aufgestickte Wappen bleiben viele Schlechtwetterperioden lang ansehnlich. Für Echtheit bürgt ein in den Griff eingelassener gravierter Ring aus rostfreiem Stahl oder vergoldetem Messing. Zum Schirm gehört die Hülle mit zwei Trägern, die den Transport über einer oder beiden Schultern während trockener Abschnitte erlauben. Und wiewohl Cathérine Deneuve heute mit allem möglichen, aber nicht mit schlechtem Wetter assoziiert wird – ihre klassische Eleganz ist auch diesem Regenschirm eigen.

Designs für Damen, für Herren, für die Stadt, für zwei, für den unwandelbaren Geschmack des Adels (bei diesen Modellen ist der Messingring im Griff vierundzwanzigkarätig vergoldet) sowie besonders große Schirme für Golfer, die eine Partie im Regen nicht unterbrechen wollen, gehören zur Kollektion. Bei jedem Stück hat der Kunde die Wahl zwischen über einem Dutzend Farben.

Ein Jahr Garantie gibt der Hersteller auf jeden Cherbourg. Nimmt ein solches Stück Schaden, endet es auch hernach nicht im Papierkorb an einer Bushaltestelle, sondern wird zur Reparatur ins Geschäft zurückgebracht.

Heute gibt es zwölf autorisierte Cherbourg-Händler in der Normandie sowie diverse im übrigen Frankreich. Und auch in den USA ist der Cherbourg zu haben. Vor allem die Japaner sind verrückt nach dem resoluten Regenschirm. Flagshipstore mit der größten Auswahl ist nach wie vor die Boutique Escaille im Zentrum von Cherbourg, gleich hinter dem Hafen. Dort sieht man den Cherbourg nicht nur im Fenster des Geschäfts. Sondern auch in den Straßen ringsum – über den Köpfen der Passanten.

Küste der Saurier

Versteinerte Schnecken und Austern machen die Küste um Villers-sur-Mer zum perfekten Ziel für Strandläufer mit Faible für Fossilien

Ein grüner Saurier beherrscht das Zentrum von Villers-sur-Mer. Es ist, als betrachtete er das Seebad-Idyll, das sich vor ihm ausbreitet: den bei Ebbe nahezu unendlichen Strand, die hübschen Häuser mit ihren spitzen Giebeln, schmiedeeisernen Balkons und normannischem Fachwerk, die Restaurants, die ihre Außenbestuhlung mit Planen vor der Brise schützen. Die Anwesenheit der begrünten Saurierfigur ist nicht die einzige Auffälligkeit des Städtchens. Die Promenade zieren überdimensionierte Abbildungen versteinerter Schnecken. Und wer am Strand in Richtung der Falaises des Vaches Noires läuft, einer Gruppe von Felsen, die manchen an schwarze Kühe erinnern, hört das Klopfen von Hämmern: Fossiliensammler, die der Steilküste zu Leibe rücken, um versteinerte Pflanzen, Tiere oder vielleicht sogar einen Dinosaurierzahn zu finden. Erlaubt ist das nicht, da die Steilküste ohnehin mit Erosion zu kämpfen hat. Viele Fossilien lösen sich von selbst aus bröselnden Klippen und fallen auf den Strand hinab, weshalb Strandwanderer hier über kleine Fossilien geradezu stolpern.

Das prähistorische Erbe dieses Küstenabschnitts

wäre manchem Hobby-Paläontologen indes auch mehr als eine Ordnungswidrigkeit wert. Schließlich weiß man nie, ob man nicht einen Fund macht wie 1998 der Bürgermeister des – zweihundert Kilometer nordöstlich gelegenen – Dorfes Conteville. André Dubreuil bemerkte 1994 bei städtischen Arbeiten in einem Steinbruch eigentümliche Knochen. Er sicherte einen Schädelteil und mehrere Rippen und verständigte das Nationalmuseum für Naturgeschichte in Paris. Zwar sollte es vier Jahre dauern, bis Ausgrabungen aufgenommen wurden. Doch trägt der Fleischfresser aus dem Mittleren Jura, der schließlich aus zweitausend Fragmenten rekonstruiert wurde, zu Ehren des Finders den Namen Dubreuillosaurus.

Nachdem das Pariser Museum die fossilen Überreste zunächst der eigenen Sammlung einverleibt hatte, ist der fünf Meter lange Saurier seit einigen Jahren im Paläontologischen Museum Paléospace in Villers-sur-Mer zu Hause – zusammen mit zwei weiteren der größten prähistorischen normannischen Fleisch- und Pflanzenfresser, dem Streptospondylus und dem Lexovisaurus. Die drei sind in Gesellschaft kleinerer Zeitgenossen ausgestellt und so geschickt beleuchtet, dass sie trotz der Reduzierung aufs Gerippe erstaunlich echt wirken.

Rund sechzigtausend Besucher schauen sich jedes Jahr das Museum an, das auch ein eigenes Planetarium besitzt, vor allem aber die Prähistorie darstellt. Es erklärt, wie ein Tier zum Fossil wird, warum schwimmende Urwesen keine Dinosaurier, sonder Meeresreptilien sind, wie man ein Fossil präpariert und nebenbei auch, was es mit dem Greenwich- oder Nullmeridian auf sich hat. Villers-sur-Mer ist nämlich nicht nur eine prähistorische Fundgrube, das Städtchen mit zweitausendsechshundert Einwohnern ist auch der nördlichste Ort Festlandeuropas, durch den der Nullmeridian verläuft – ein senkrechter Halbkreis auf dem Globus, der Nord- und Südpol miteinander verbindet und im rechten Winkel zum Äquator steht. Auf der Promenade ist diese gedachte Linie auf den Boden gezeichnet, im Museum wird sie erläutert. Mit einem um das Jahr 1900 entstandenen Thron aus Fossilien und Beton ist hier auch das womöglich einzige fossilienbasierte Kunstwerk in Europa zu sehen. Ferdinand Postel, ein Künstler und Fotograf, der 1917 verstarb, schuf das zweihundert Kilogramm schwere Exponat. Die Villa, die er bewohnte, steht noch im Zentrum von Villers-sur-Mer.

Wer keine Tafeln lesen möchte oder noch nicht lesen kann, bekommt im Museum ein Tablet zum Spiel »Jurassic Quest« in die Hand gedrückt, wer mehr wissen möchte, kann sich über die Arbeit von Paläontologen informieren oder eine Exkursion zu den Klippen buchen. Dem kleinen Seebad, das lange im Schatten der glamouröseren Nachbarn Deauville und Cabourg stand, haben die Saurier ein Alleinstellungsmerkmal an der Côte Fleurie, der Blumenküste, beschert.

Auf dem Küstenabschnitt zwischen Villers-sur-Mer und Houlgate, einem Seebad mit Strand, Casino und dreihundert Villen, ist bei Ebbe nicht nur die Gesteinsformation der Vaches Noires zu sehen,

Strandwanderer sollten schon deshalb der Versuchung widerstehen, jede versteinerte Auster mitzunehmen, die zu ihren Füßen liegt. Denn Fossilien sind deutlich schwerer als Muscheln und Austernschalen, was immerhin größere Brocken mit Hunderten von Versteinerungen darin vor Mitnahme schützt.

»Ich wünsche mir, dass die Klippen so geschützt werden wie die englische Jurassic Coast«, erklärt Laurent Picot, wissenschaftlicher Leiter von Paléospace, und schaut wehmütig aufs Meer hinaus. Der Paläontologe stammt aus dem normannischen Küstenstädtchen Granville, lehrte und forschte in Deutschland, Österreich und der Schweiz und ist seit 2009 im Paléospace tätig, an dessen Konzeptionierung er vor der Eröffnung beteiligt war; er leitet auch persönlich Führungen durchs Museum und zu den Falaises des Vaches Noires. Hundertfünfzig Kilometer der Küste Dorsets und East Devons auf der anderen Seite des Ärmelkanals zählt die UNESCO zum Weltnaturerbe. »Aber bei uns dreht sich immer alles um die Landungsstrände, die Impressionisten und den Teppich von Bayeux«, seufzt Picot. Unterstützung für seinen Wunsch erhalte er von den Tourismusverbänden des Départements nicht. Vielmehr gebe es Bestrebungen, der UNESCO die Landungsstrände als Welterbe vorzuschlagen, die ja nun bei aller historischen Bedeutung wahrlich kein kulturelles Erbe repräsentierten.

Laurent Picot schüttelt den Kopf und richtet den Blick zu Boden. Außer Steinen, Muscheln und Fossilien legt das Meer bei Niedrigwasser auch Stücke roten Backsteins frei – Überreste von Häusern, die im Lauf der Zeit von den Klippen gestürzt sind. Die Ruine einer Disco, die 1975 eröffnete und in der bei Meerblick getanzt wurde, beweist auf ihrer Klippe, dass Abstand vom Meer die Dauerhaftigkeit von Immobilien an der Côte Fleurie signifikant erhöht. Schon in den achtziger Jahren schloss der Tanzpalast über Strand und Meer und verabschiedete sich fortan Stück für Stück in den Abgrund. Jetzt haben Wissenschaftler unterhalb der verbliebenen Mauern eine Messstation eingerichtet. Sie soll dabei helfen herauszufinden, ob oder inwieweit der Klimawandel die Erosion an der Küste begünstigt.

Doch nicht nur die Steilküste ist in Bewegung, auch die Gezeiten verändern sie permanent. Es ist wichtig, sie schon vor der Strandwanderung im Blick zu haben, denn Meer und Klippen lassen Fußgängern bei Flut sehr wenig Raum. Zwar beträgt der Tidenhub hier mit sechs Metern nur die Hälfte des Wertes am Mont Saint-Michel im Süden der Normandie. Ernst zu nehmen sind die Gezeiten aber allemal.